廃材もらって小屋でもつくるか
電力は太陽と風から
イマイカツミ
川邉もへじ
家次敬介
寿郎社

廃材もらって小屋でもつくるか

電力は太陽と風から

もくじ

20日目 ガラスと畳が入って完成！の巻

小屋を楽しむ

おわりに

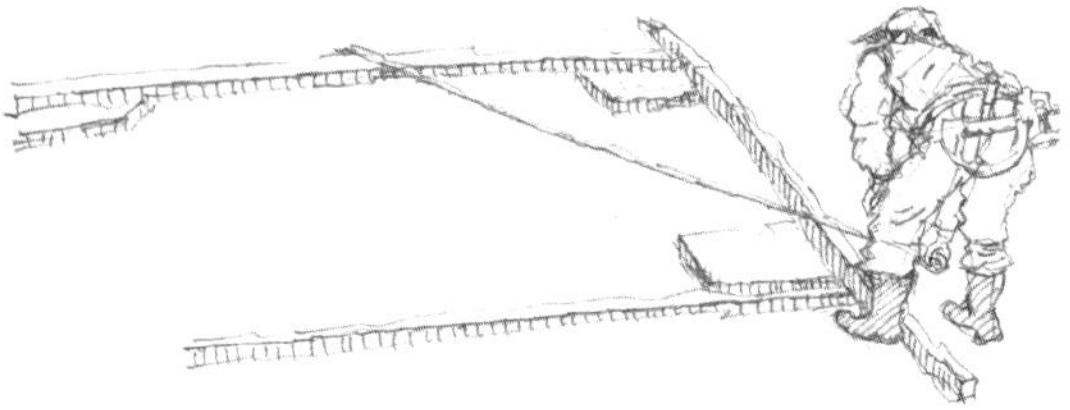

はじめに

イマイカツミ

僕は人呼んで「半農半画家」。二〇〇一年に「JAふらの農作業ヘルパー」として富良野にやってきて以来、農作業をしながら本職の絵描きをしている。二〇一一年二月下旬、僕は富良野市の北端にある元農家さんの空き家を購入した。十勝岳から流れるヌッカクシフラノ川のほとり、広がる畑に囲まれたその土地には、昭和四九年築の母屋《おもや》と二つの木造納屋、そして昭和二一年築の朽《く》ちかけた小さな家があった。

僕が最初に惹《ひ》かれたのは、実はその小さな家だった。もちろん、住むのが難しいことは一目でわかった。土壁は剥がれ、床は傾き、柾葺《まさぶ》き屋根の上に張られたトタンはところどころ飛んで欠けている。それなのに僕は、大きな母屋よりも、年月を経た味わいのあるこの小さな家に住みたいなぁと思った。

母屋での暮らしが始まった。納屋の一つを自力で解体して畑に変えたり、倉庫を直したり、いくつかのリノベーションをしていく中で、朽ちかけた小さな家だけはしばらくそのままにしておいた。そして、大工さんや設備屋さん、地元の人や古民家に暮らす友人など、来客があるたびに「この家、なんとかなりませんかねぇ」と尋ねた。

「これは危ないよ。とても住めないね」

とすげない返事は当たり前で、

「そりゃ、やればできるだろうけどね。でも、直すんならあなたがやるしかないよ。こんなの誰もやるって言わないさ」

と言われることもあった。たしかに、全部壊して新築の家を建てるのであれば、どの建築会社も喜んで引き受けるだろうけど、廃屋同然の家をすすんでリフォームしてくれるような業者はないかもしれない。とはいえ、自分一人で直すという選択肢もない。大工仕事の経験のない僕が手をつけたところで、途中で投げ出してしまうのは目に見えていたからだ。


そんな中、僕の小さな家への思いを理解してくれる人がいた。それが川邉《かわなべ》もへじさんだ。彼は富良野の古民家を直したり、馬小屋をカフェに生まれ変わらせたりしてきた大工さんであり、木工作家でもある。僕の話に真摯《しんし》に耳を傾けた後、もへじさんはこう言った。

夏の朽ちかけた小さな家

冬の朽ちかけた小さな家

「古い家を直すのは新しい家を建てるより大変だよ。構造材は長い年月の中でクセがついているから、ツジツマを合わせなきゃいけないところが次々に出てくるんだ。おおげさじゃなく、時間もお金も新築の倍はかかる。それならいっそ壊してしまって、使える材を使って建て直す方がはるかに簡単だよ。そうすれば、この家を生かすことにもなるじゃない。小屋くらいの大きさがいいと思うよ。簡単だし、イマイ君にだってできるさ。うちには廃材でつくった小屋がいくつも建っているから、興味があるなら一度見においでよ」

後日、川邉家を訪ねてみた。もへじさんの言っていた通り、家の敷地内には何棟も愛らしい小屋が建っていた。それを見て僕は、「こんな小屋が建てられたらいいなぁ」とすっかりその気になってしまった。

で、その日から実際の小屋づくりが始まるまで、なんと三年もかかってしまった。でもそれは仕方のなかったことだ。もへじさんの小屋づくりには、「廃材を利用し、資源を循環させる。極力お金もかけない」という明確なコンセプトがある。そのコンセプトに則《のっと》って、もへじさんと同等の、もしくはそれ以上の熱意を持って小屋づくりをまっとうできるかどうか、自分にしっかり問うてみる必要があったのだ。ときに小屋づくりなんかもうやめちゃおうと思ったことさえあったが、それも必要不可欠な船出の準備だったと思う。なにしろ小屋とはいえ、「小さな家」を自力で建てるのだ。簡単なことではない。それに挑む前に、十分にアクを抜いておかなければならなかった。

三年の構想期間には、もへじさんとの間で、「この朽ちかけた家の中に小屋をつくったらどう?」とか、「納屋の中に小屋をつくったら?」とか奇抜なア

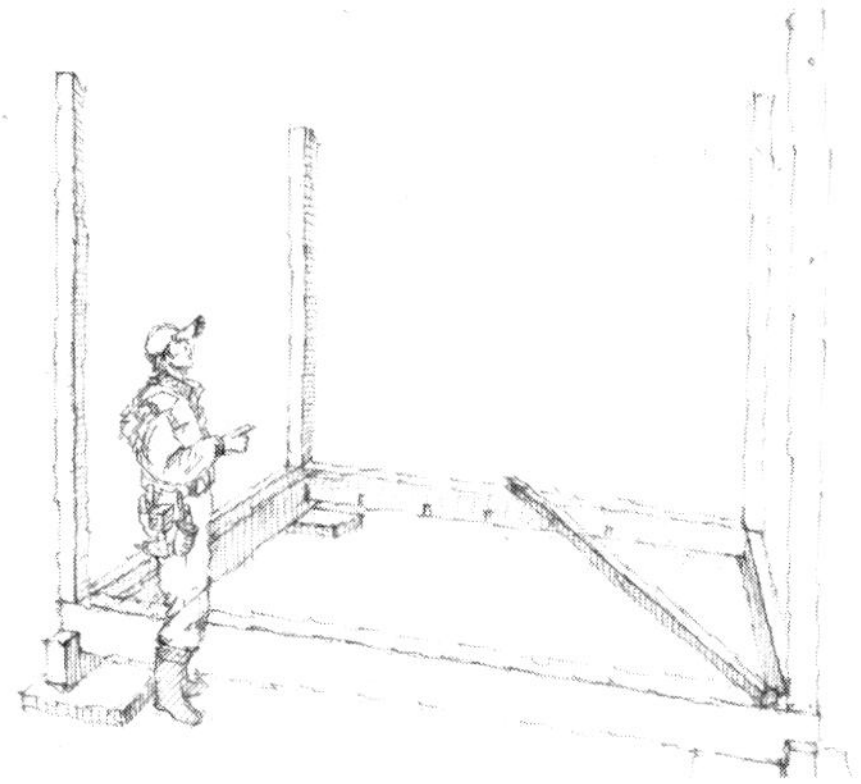

イデアも出たが、最終的に「朽ちかけた家を壊し、その跡地に廃材を使って三坪（六畳）の小屋をつくる」ということに決まった。

また、独立した暮らしができるように、小屋には自然エネルギーを活用するためのさまざまな設備を施すことにした。そこで、環境関連のイベントで会うことの多かった富良野市内のエコ設備会社「三素《さんそ》」の社長・家次《いえつぐ》敬介さんに声をかけ、協力をお願いした。家次さんが関わってくれたおかげで、「廃材利用による資源の循環」というコンセプトに、「自然エネルギーの循環」というもうひとつの柱を加えることができた。

この本を手に取られた方はおそらく、自分で家をつくったり直したりしてみたい、自分でやるのが一番楽しいってことにうすうす気づいている方ではないかと思う。ただ、それを実行することには、やはり不安があるのではないだろうか。その不安はよくわかる。僕もそうだった。

でも、勇気を出して始めてみよう。僕たちのこの小屋づくりの記録を見たら、熱意さえあれば誰にだってできるということがきっとわかるはずだ。

この本が小屋、もしくは家づくりを志す人の気持ちを後押しすることになれば僕は嬉しい。

昭和21年築の朽ちかけた小さな家を解体する①

②

③

④

⑤

⑥

⑦

⑧

⑨

廃材もらって小屋でもつくるか

0日目

2016年11月初旬

心と材の準備をするの巻

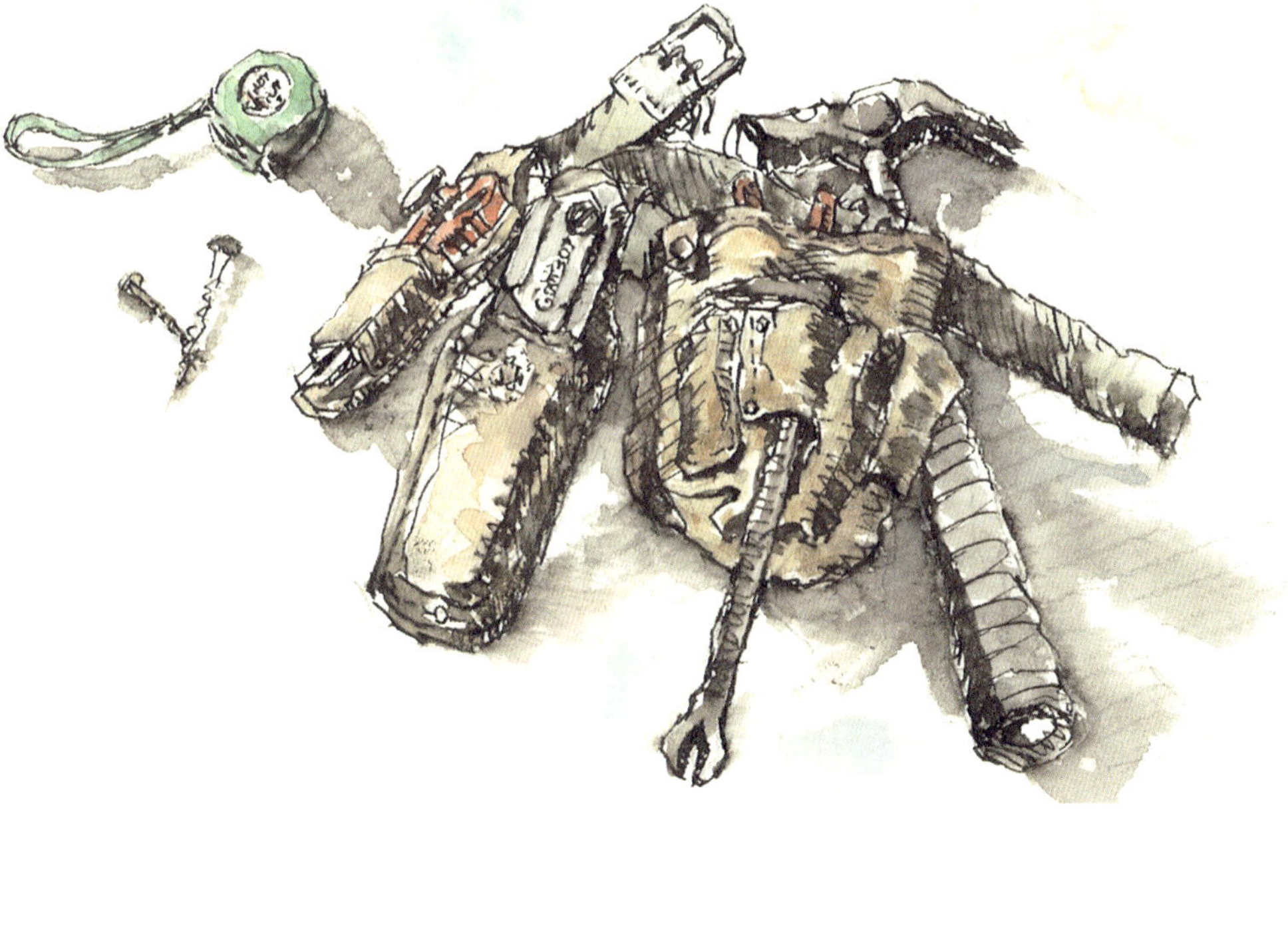

古い家に別れを告げる

0日目の1歩目

床は傾いている

朽ちかけた小さな家の内部

ほぞが抜けている

今では貴重な柾葺き屋根

これは僕が好きだった昭和二一年築の小さな家、その在《あ》りし日の姿だ。

僕が暮らす富良野市北大沼《きたおおぬま》は入植が明治四〇年代半ば。大湿地帯を苦心して切り拓いた歴史は今に伝わる。その開拓者の二世が暮らしたであろう住居がこの家だ。

天井を見上げれば、屋根がもともと柾葺《まさぶ》きだったことがわかる。壁は土壁。年月を経て傾いたせいで柱と桁《けた》をつなぐほぞは抜けかけていて危うい。でも七〇年もの間、風雪を凌《しの》ぎ、立派に建ち続けてきたのだ。

一〇坪ほどの広さだが、二階も備え、張り出し窓や回転窓などが愛らしさを添える。小ぢんまりとした「ミニマム」な暮らしが頭に浮かぶ。

建物自体が歴史そのものだから壊すのは本当に忍びなかったけど、自分の手で壊すことによって、その忍びなさをこれから小屋をつくることに対する強い熱意に変えた。

解体現場に廃材をもらいにいく

0日目の2歩目

軽トラに積んで我が家に到着

小屋の材がそろったぞ!

あっこちゃんの家に重機の手が入る

さて廃材小屋づくりの第一歩は廃材の確保だ。だから、解体の情報には常にアンテナを張っておく必要がある。

この日は、僕が農作業の手伝いをしている農家さんの近所にある「あっこちゃんの家」を壊すということがわかり、もへじさんと現場に駆け付けた。

そこでは家を壊すダイナミックな光景が広がっていた。次々に材が出てくる様子を垂涎《すいぜん》の思いで見つめる。それは僕らにとっていわば資源の山。「材をください!」と明るくお願いすると、作業員さんは「いいよいいよ」と応えてくれた。小屋づくりに必要な材は、民家一軒分の解体でほとんど揃《そろ》う。作業員さんはわざわざ良さそうな材を重機でつまんで運んでくれて、ありがたい限りだった。

「これらの廃材をきっと役に立たせてみせる」と、壊れていくあっこちゃんの家を見ながら強く心に誓った。

餅つき神事

0日目の3歩目

友だちの亮ちゃんもいっしょにペッタン

小屋づくりを始める前に、景気づけに友人たちを誘って餅つきをすることにした。

　実はもへじさんは富良野界隈のイベントでしょっちゅう依頼を受けては餅をつく「餅つきマスター」。この日も杵《きね》と臼《うす》、もち米を蒸す釜《かま》、鉄の薪ストーブまで全部持参してきてくれた。

　ストーブに火を入れて、もへじさんが暮らす南富良野町下金山《しもかなやま》でつくられたもち米を蒸すところからスタート。餅つきをするのも近くで見るのも初めてだったから興味津々だ。蒸し上がったら、みんなで交代しながら盛大に餅をついた。

　餅はお祭りや神事の付き物だし、建物を新築するときの上棟式では餅まきをする風習もある。まぁ、餅まきと餅つきはちょっと違うけれど、「餅だけに、固いことは言わないで」。これも記念だね。

1日目

2016年11月初旬

イメージを膨らませるの巻

設計図は要らない

1日目の1歩目

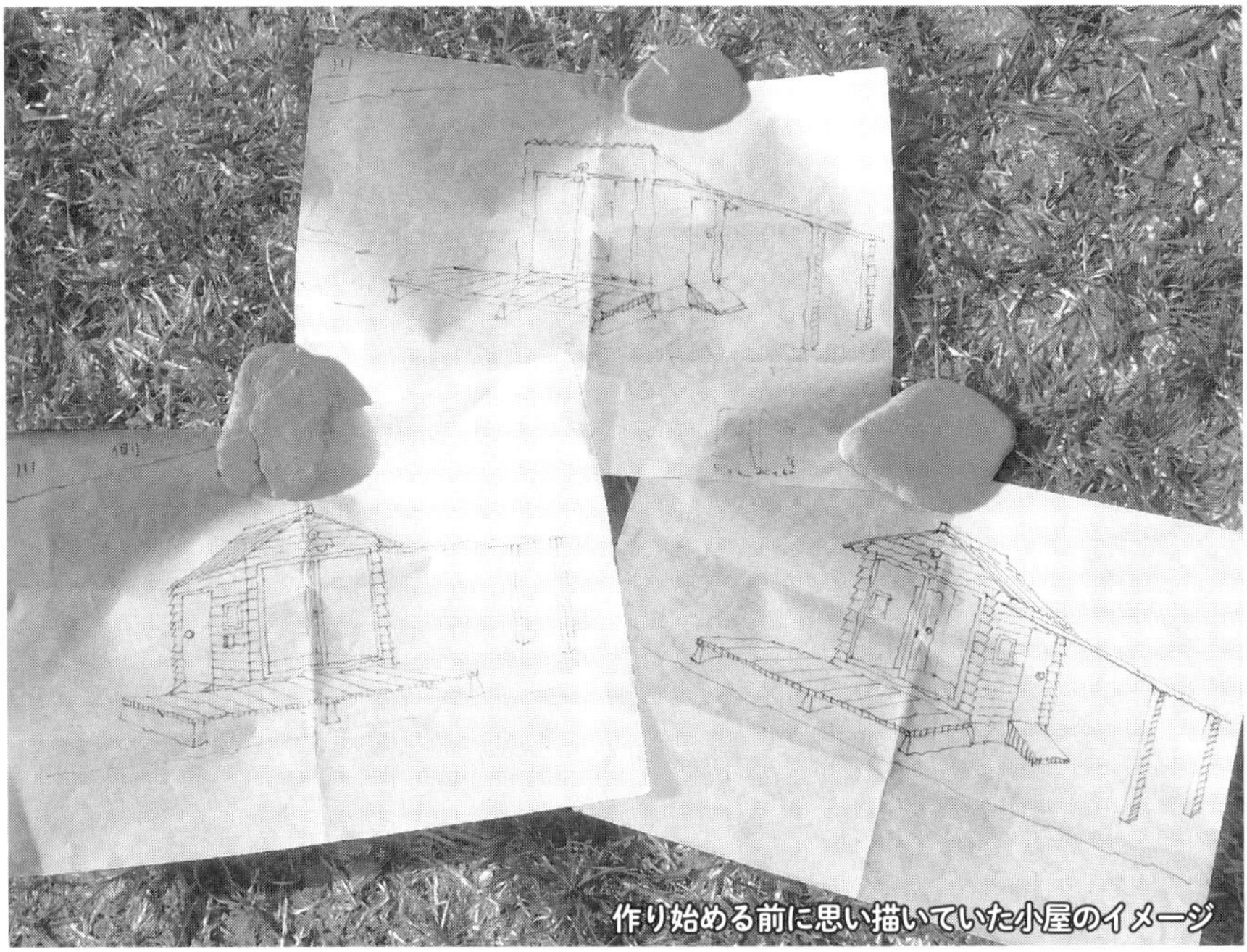

作り始める前に思い描いていた小屋のイメージ

もへじさんの小屋づくりの特徴は、設計図を持たないことだ。

進行は設計図があった方がスムーズかもしれない。でもそうすると、作業は図面通りに組み立てていくだけの単調なものになりかねない。そもそも設計図は机上《きじょう》で書くが、作業するのは現場だ。現場では刻一刻と状況が変わるし、その場の空気に触《ふ》れることで気づくことも多い。何か気づいたことがあったらその都度、計画に変更を加えていく。

建築というと、緻密《ちみつ》な設計図がなければいけないような気がするけど、何もない「ゼロ」からカタチあるものを生み出すことこそが芸術だ。そのときの状況に合わせて思うままに変えていきたいと思うのは自然なことだろう。

あなたは今どんな小屋がほしいだろうか。完璧に思い描けなくてもいい。手を動かしながら考えていこう。

廃材は貴重なヴィンテージ品

1日目の2歩目

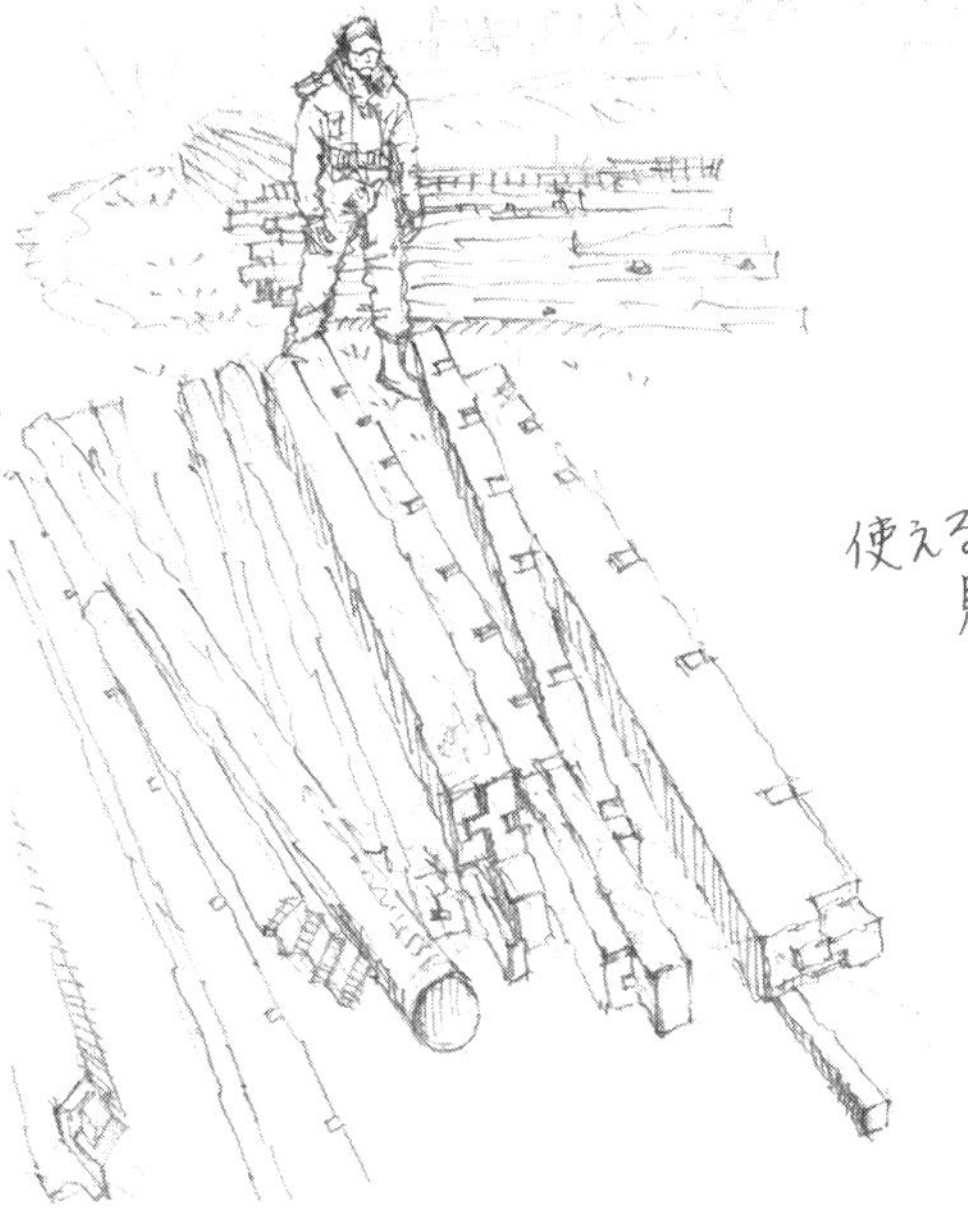

一度使われた材は、「廃材」と呼ばれるだけでまったく無価値であるかのような印象になる。でも、たとえば昭和二一年築の建物に使われたような古い木材を、廃材以外で手に入れることができるだろうか？

築年数が古い家ほど年季の入った材を使っている。それをただ壊して処分してしまえば、木のチップなどに加工されたとしても、その価値は著しく減少する。でも活用方法によっては、風合い、色や傷もそのままに、新品では出し得ない価値ある材へと生まれ変わらせることができる。日本の多くの歴史的建造物を見れば、木材の生命力の長さは一目瞭然。僕たちは木の国の住民なのだ。

「ヴィンテージ材」。もへじさんは、年月を経た材を尊んでそう呼ぶ。いろいろな個性と表情を持った彼らの顔を眺めて考える。さあ、君たちをどうやって活躍させようか。

材の個性を見極める

1日目の3歩目

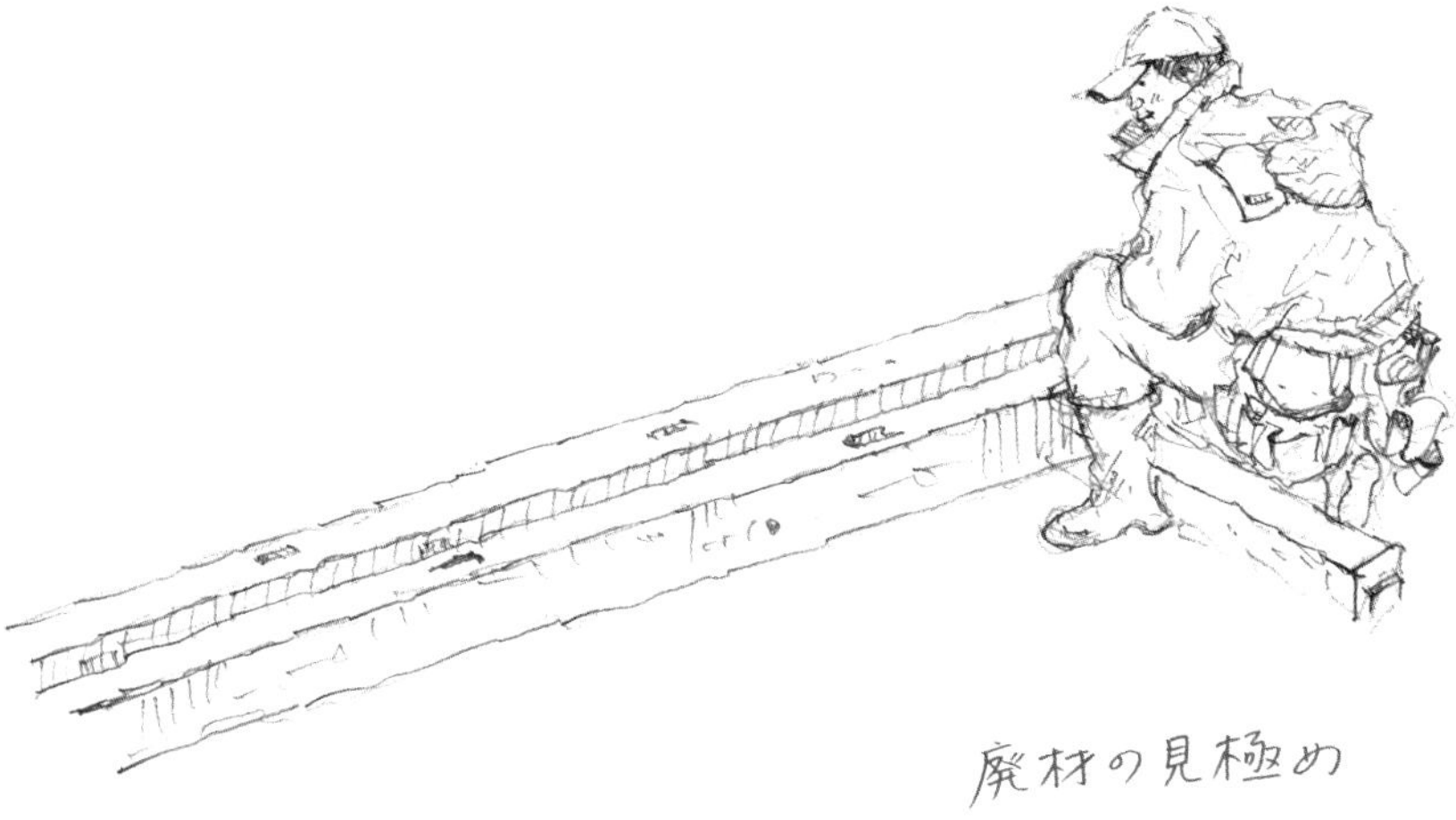

「建てる」ことに気持ちがはやるけど、まずは地道な作業から。解体現場から持ってきた材のうち、構造材としてふさわしいものを選定する。土台に適したもの、柱に適したもの、梁《はり》に適したものなど、個性は「十材十色」。

年月を経た材のなかには、曲がったり腐ったりしているものもある。そういう傷みのある材でも、その部分だけ切り取ればまだまだ使えるものが多い。僕たちの小屋では、歴史と思い出を受け継ぐために、梁や目立つ部分の柱には古い家の材を使い、丈夫でなければならない躯体《くたい》の構造材には築約五〇年とまだ若さのあるあっこちゃん家から出た解体材を中心に使うことにした。

大切なのは、できるだけたくさんの材を確保しておくことだ。そうすれば選択の幅が広がり、作業に余裕が出る。なにしろ貴重な木材だから、無駄を出さないように見極めたい。

どこに建てるかイメージする

1日目の4歩目

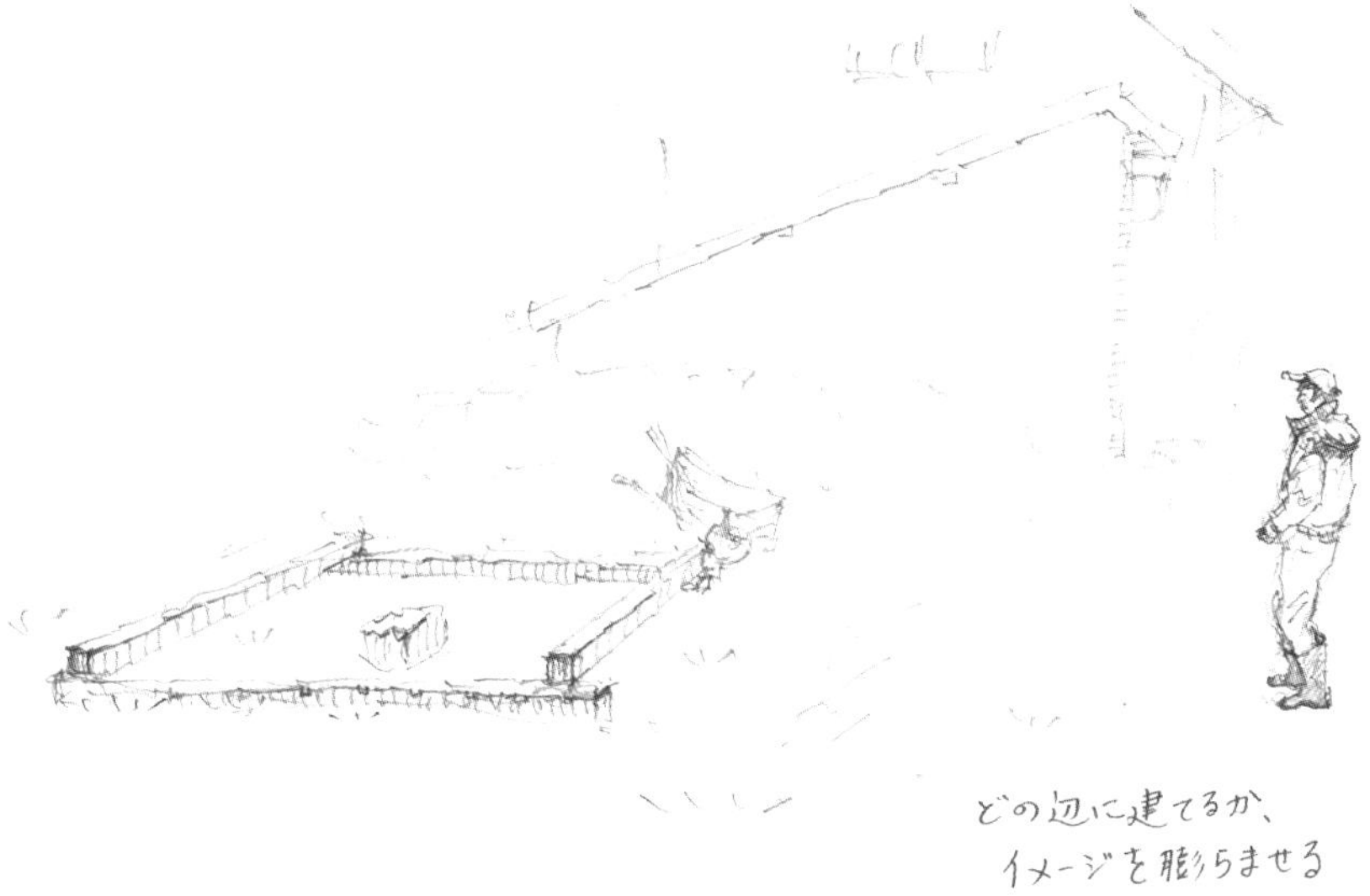

更地《さらち》に立って目を閉じ、空想してみよう。

「全体の位置はこの辺」

「入口はこっち」

「屋根はこんな感じ」

こうした具体的なイメージが浮かんで初めて基礎の位置を決めることができる。こだわりたいところや夢をかなえるためのポイントなどは、時間がかかってもいいから最初に詳細なイメージを持っておきたい。

一度決めた基礎をやり直すのはすごく大変だから、ここは慎重に、廃材の長物《ながもの》を置いてみたりして、イメージづくりに時間をかけよう。

「窓はこの辺にあって、一階の半分は吹き抜けで、二階にはロフトがあって……」

今はまだ見えないけれど、心のなかにはたしかにある、僕たちの小屋。それを想像するのは作業のもっとも楽しい時間のひとつだ。

いろんな視点を楽しもう

こんにちは。僕の名前は川邉もへじです。大工の仕事をしながら、木工作家もしています。

この「もへじ」という名前は、「へのへのもへじ」からきています。へのへのもへじの落書きは顔に見えるけど、よく見るとひらがな。それはどちらも正解で、大事なのはその人がどのように思うかということ。僕のものづくりの考え方も同じ。ものづくりはこうでないといけない、ということは一つもない。どんなものをつくりたいか、どんなふうに作業をしたいか、その答えはつくる人によって変わってもいい。誰が考えたのかわからないけど誰でもうまく描ける、へのへのもへじの落書きのように、僕はカタチにこだわりすぎないで、楽しみながら、モノをつくっていきたいと思う。

もともと「もへじ」は自分で考えた屋号だったんだけど、イマイくんは出会ったときからずっと僕のことを「もへじさん」と呼んでくれている。それでイマイくんの提案もあって、僕はこの屋号を名前のように使っていくことにしたんだ。

僕はいま、北海道南富良野で五人家族で暮らしている。家の庭には小屋がいくつかあって、まるで小さな村みたいになっているんだよ。この本では、イマイくんの小屋だけでなく、今までに僕がつくった小屋についてもコラムで少しずつ紹介するから、これらを参考にして、これからみなさんがつくる夢の小屋のイメージを膨らませていってほしい。

小屋づくりにも決まった答えはないから、好きなだけ時間をかけて、思う存分自由を楽しんでほしいな。

もへじ

これまでにつくった小屋① 川邉もへじ

川邉家の庭にある“小屋村”

僕には三人の子どもがいる。「子どもとはいえ、考え方はそれぞれ。僕とは違う」とわかってはいるんだけど、家の中ではどうもあれこれとうるさく言ってしまう。子ども部屋もあるけど、やはりそれも同じ屋根の下。何かと口を出してしまう。だから子どもたちには、大人に干渉されない空間を家の外につくってあげることが必要な気がした。それが小屋をつくりはじめたきっかけだ。

「子どもの小屋」を建ててからは、「妻の小屋」「自分の小屋」「みんなでつくる小屋」と増えていった。それから「子どもの小屋」の試作品だった小屋もひとつ残していて、そこは「工作小屋」と呼んでいる。作業するための机と道具を置く場所にしているんだ。そこなら雨の日でも作業が続けられるから便利だよね。

これまでにつくった小屋② 川邉もへじ

“小屋村”がくれたもの

庭で小屋づくりをしていたとき、何度か子どもたちが手伝いにきてくれた。

そのときに一緒につくったもので一番喜んでもらえたのは、釘でできたナイフだ。まずは釘を火で炙って柔らかくする。それから叩いて形をつくる。うまく尖らすことができたら完成だ。お腹がすいてきたら小屋の調理器具を使って肉や魚を焼く。そして自分たちでつくったナイフで切って食べる。

〝小屋村〟にはそんな子どもたちとの大切な思い出が詰まっている。子どもたちだけではなく、友人たちやご近所さんとの思い出もたくさんある。いつかは壊さなければならないけど、小屋にかかわった人たちが別のどこかでその思い出や経験を生かすこともあるだろう。循環するのはモノだけではないはずだ。

2日目

2016年11月中旬

基礎をつくるの巻

基礎の平らな石を
四隅に配置

土台を置く

2日目の1歩目

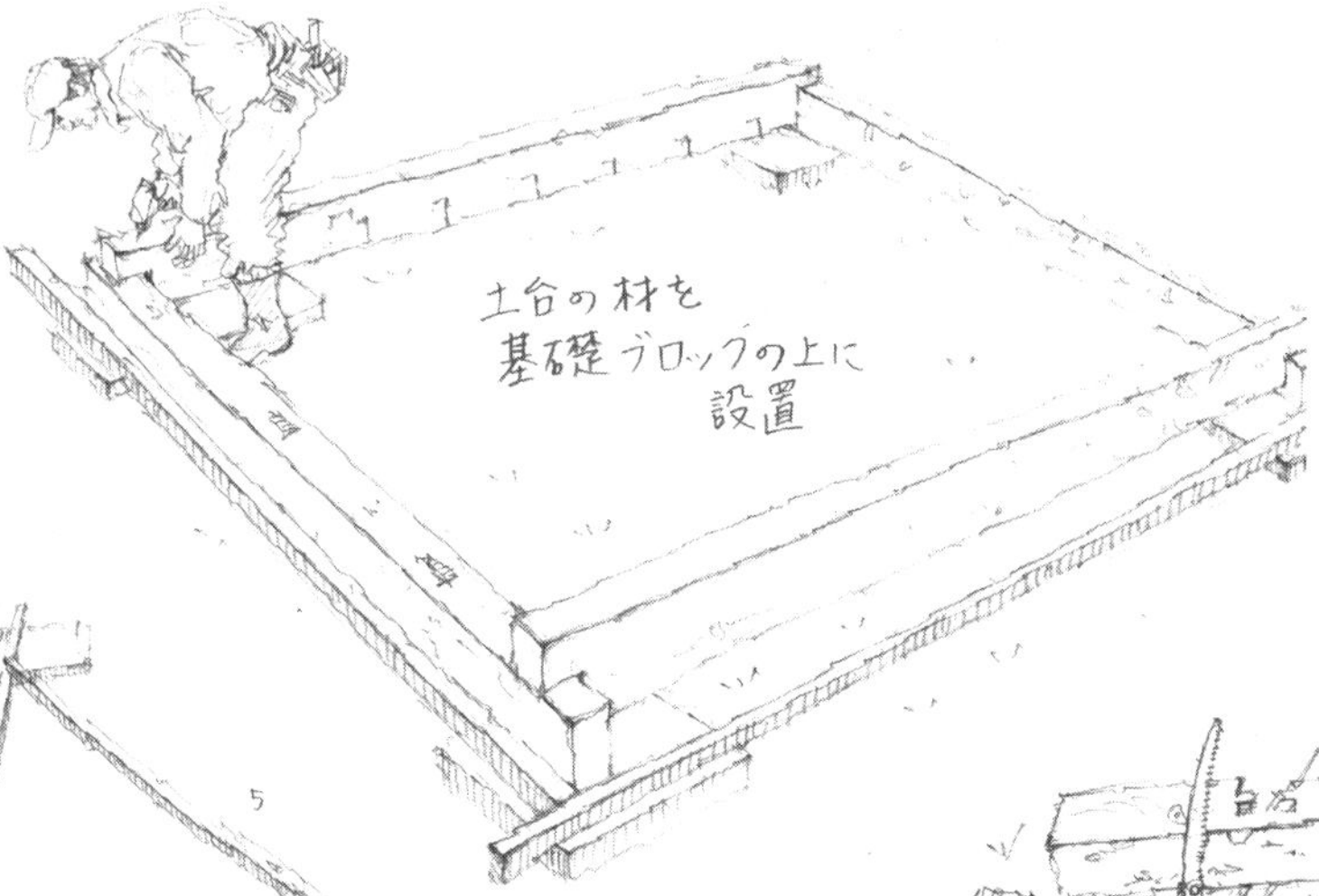
土台の材を
基礎ブロックの上に
設置

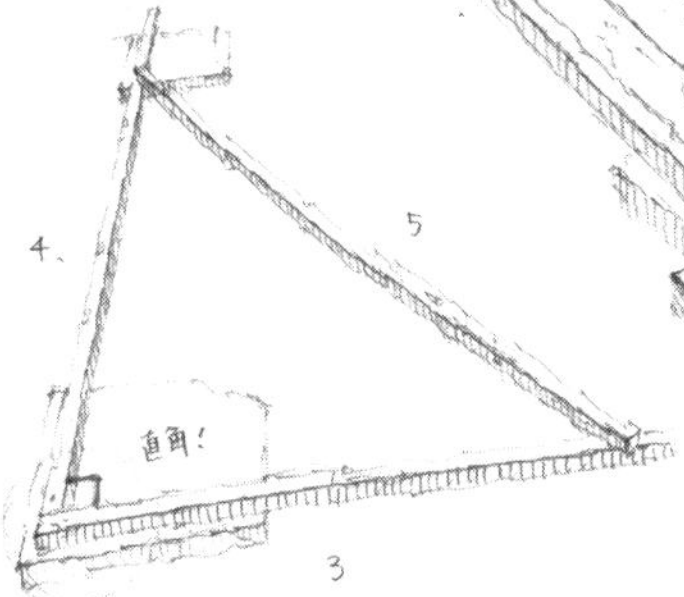
4、
5
直角!
3

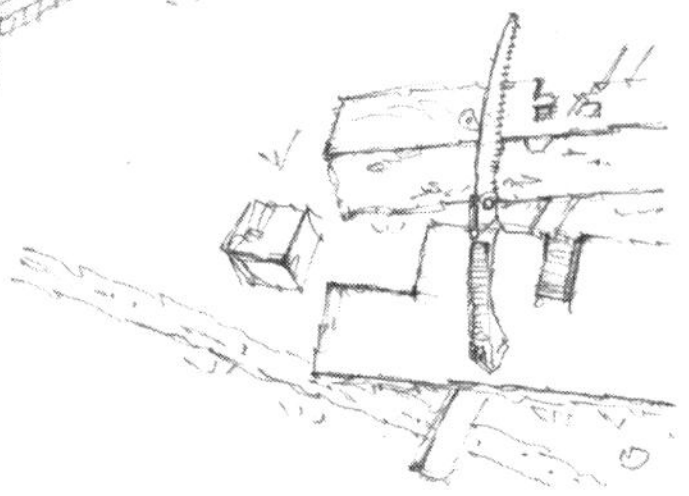

「ここに建てる!」

と決めた場所の四隅に、基礎となるブロックを配置する。うちの敷地に放置されていた正方形の平たいコンクリートブロックが適当だということでこれを使うことにした。そしてその上の四隅に垂木《たるき》を直角に置く。

「三辺の長さを三対四対五にすることで直角が生まれるんだよ」

これ、ピタゴラスの定理を使った建築現場の「さん・し・ご」の知恵だそう。へぇ、大した道具もないのに直角ができた。なんだって頭を使うのが大切だっていうことか。うーん、学ぶことが多い。

垂木に沿って設置する土台材には、あっこちゃん家の解体現場から持ってきた太い立派な角材を使うことになった。端を切り欠いて加工し、角材同士を組み合わせれば、これで土台は完成!

手伝いにきてくれた友人と一服

2日目の2歩目

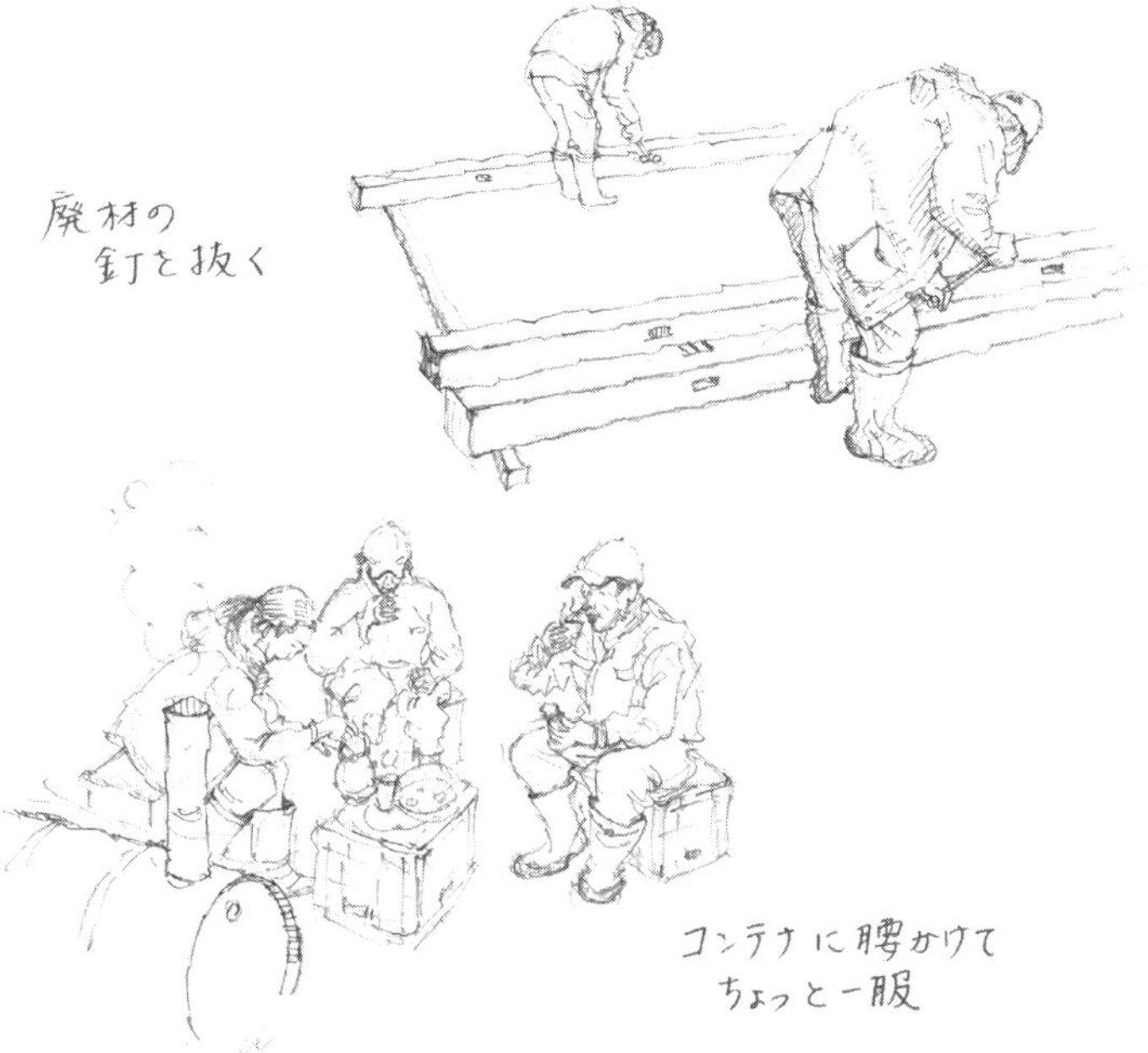
廃材の
釘を抜く
コンテナに腰かけて
ちょっと一服

　この日は占冠《しむかっぷ》村から友人の善《ぜん》さんとちゆきちゃんが手伝いにきてくれた。

「大したことはできないけどね」

　と言いながら、材に刺さった釘を抜いてくれる。廃材には大抵釘が付いているので、手を貸してもらって本当に助かった。

　ほっとするのが一服の時間。カラーコンテナをひっくり返して腰をかけ、お茶をすすり、おやつをつまみながら話をする。

「早くできないかねぇ。できたらいくら酒飲んでもここに泊まれるでしょ。楽しみだねぇ」

　と善さん。そういう用途なら、くつろぎやすい小屋にしないとね。

　こんなふうに、お客さんたちは僕とは違う目線で小屋について話してくれるから、いろいろと気づかされることが多い。この小屋に何が必要なのか。関わってくれた人の数だけ、新しい風が吹き込んでくる。

田舎だからこそできる小屋づくり

2日目の3歩目

「これって、田舎だからこそできることだよねぇ」

作業中、もへじさんとそんな話をする。たしかに都会では、土地探しからして難しいし、木造建築の解体現場を探すのにも苦労しそうだ。現場から材を持っていく許可を得られるかどうかも怪しい。

それに丸のこやインパクトドライバーを外で使ったら騒音で近所迷惑になりそうだし、そもそも廃材で小屋を建てようとする変わり者は周囲から白い目で見られかねない。

その点、富良野は土地が広いし安い。外国人も含めて移住者が多く、多様性に富んでいて寛容。人口は減少傾向が続くと言われているから、おそらく空き家や廃屋はこれからもたくさん出るだろう。つまり、僕たちが暮らすこの町は、廃材小屋づくりに非常に適しているということだ。

3日目

2016年11月中旬

躯体を組むの巻

柱を立てる

桁をつなぐ

3日目の1歩目

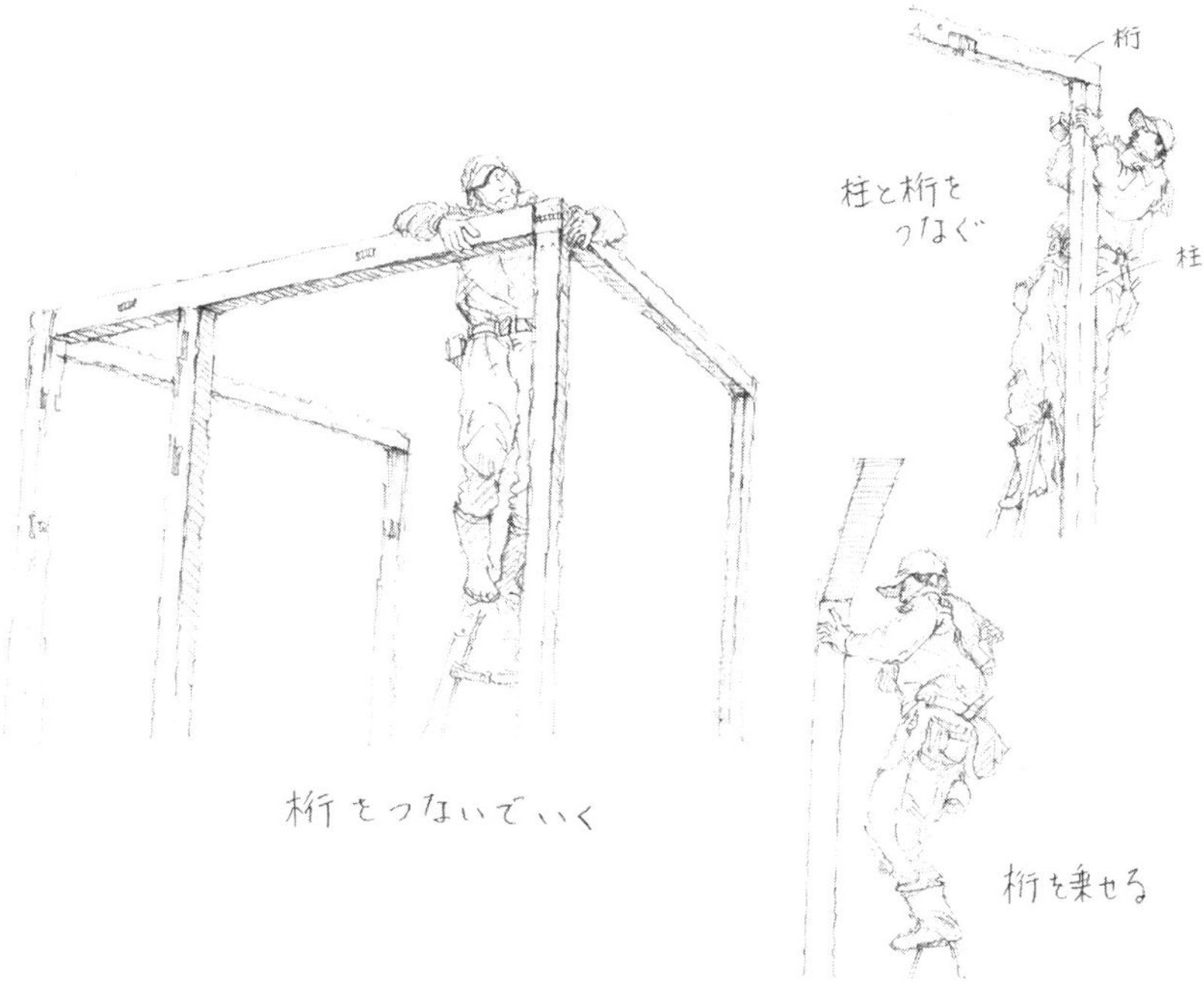

一般的な建築の順序だと、まず設計図に沿って必要な分量の材を寸法通りに切って、組む部分に「ほぞ」を刻む。そして、材を一通り刻み終わった段階で一気に組んでいき、棟木《むなぎ》を上げ終えた時点で上棟《じょうとう》式を迎える。

でもこの小屋にはそもそも設計図がないから、材はその都度切ることになる。後から予定が変わることがわかっているから、最初に全部切って無駄を出すようなことはしない。

ほぞを刻まないのも独特だ。土台に柱を立て、上部を桁《けた》でつなぐ。それらをビスで締め、鉄くぎを打って終わり。もちろんほぞで組んだほうが強度が高いだろうけど、難しいことは極力やらないのがコンセプト。これぞ名付けて「積み木工法」。

最低限インパクトドライバーと丸ノコさえあればでき、あまり力がない人でもつくれる。それがこの小屋が目指している到達点なのだ。

躯体の仕上げ

3日目の2歩目

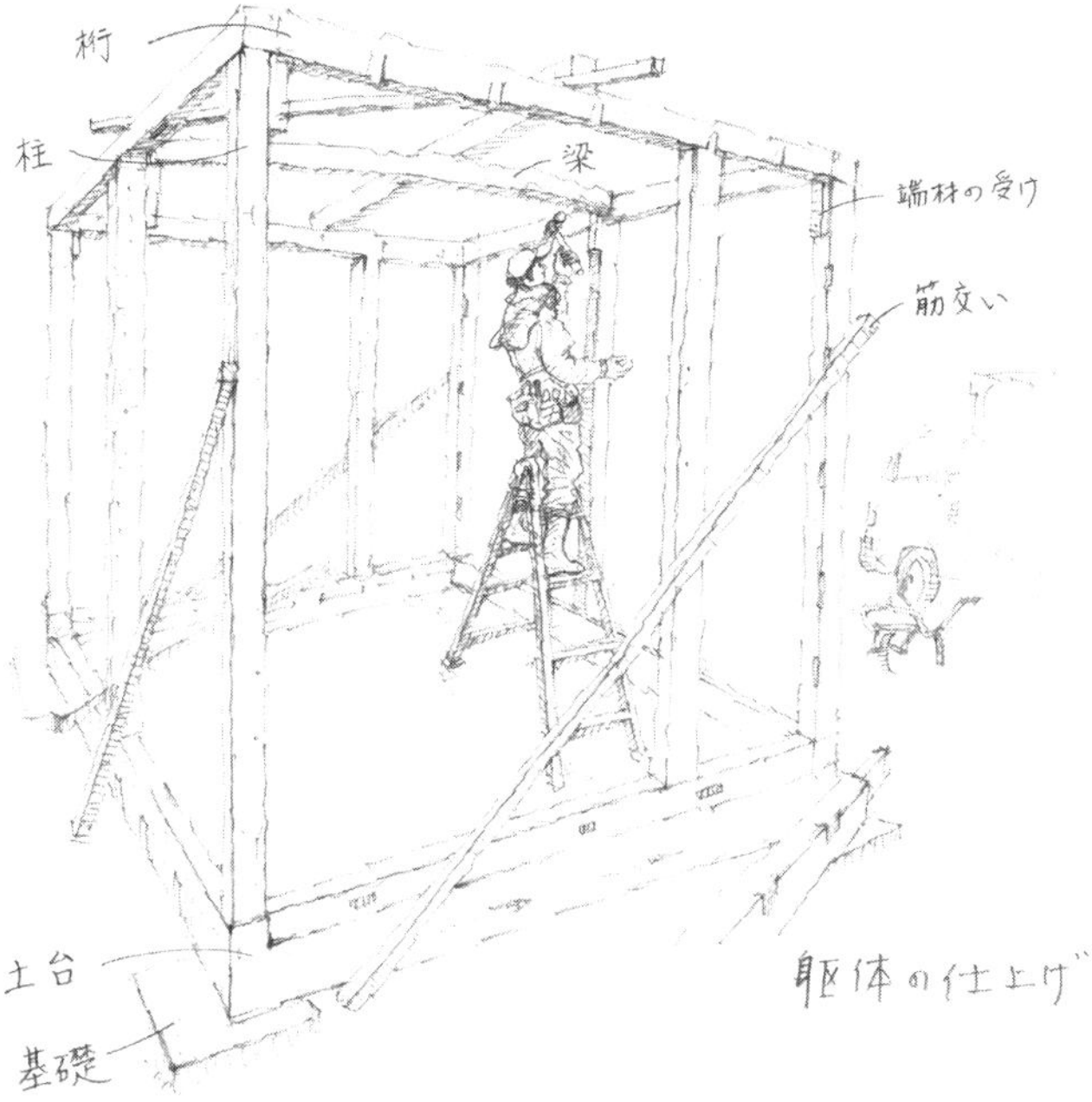

ひとりでひょいひょいと組み上げていくもへじさん。柱材の切り目がまっすぐだからこそ、立ててもグラグラせずビタッと組み上がる。誰でもできる「積み木工法」とは言え、大工仕事の基礎は必要だ。工具扱いに慣れて、それらをきちんと使いこなせなければならない。

柱に対し、桁《けた》の荷重がかかる「受け」の部分には、ほぞの代わりに切った端材をインパクトドライバーで打ち付けることで強度を高める。そして、躯体《くたい》そのものが垂直になっているかどうかを水平器（レベル）で測り、ゆがまないよう仮の筋交《すじか》いとして垂木《たるき》を打ち付けておく。

小屋内の中央には、ここに建っていた古い家の梁《はり》が据え付けられた。梁は家の顔。ここに思い入れのある材が使われたことは感慨深い。

かつての家の年輪が見られる、感動的な小屋の構造の出来上がりだ。

廃材が組み上がると

3日目の3歩目

あっという間に組み上がる

柱を立て、桁《けた》でつなぐことで躯体《くたい》の「箱」ができていく。こうして形ができてくると、印象がずいぶん変わる。現れた「空間」に足を一歩踏み入れると、小屋の室内の雰囲気が漂ってくる。大したもんだ。

簡単積み木工法の実践例だけど、

「柱や桁材を持ち上げたりするのは、やっぱりあまり力のない人だと、ひとりじゃ難しいかなぁ」

と思案するもへじさん。

そして、この日で二〇一六年の作業は終了として、次の作業は雪解けの四月からということに。まずは躯体ができてひと安心。しばらく小屋は雪の下で冬眠だ。筋交《すじか》いはちゃんと打ったから、そんなにゆがむこともないだろう。

小屋づくりに締切があるわけじゃないし、急いじゃいいアイデアも浮かばない。自由人は、とにかくのんびりやるのだ。

4日目

2017年4月中旬

屋根の骨組みをつくるの巻

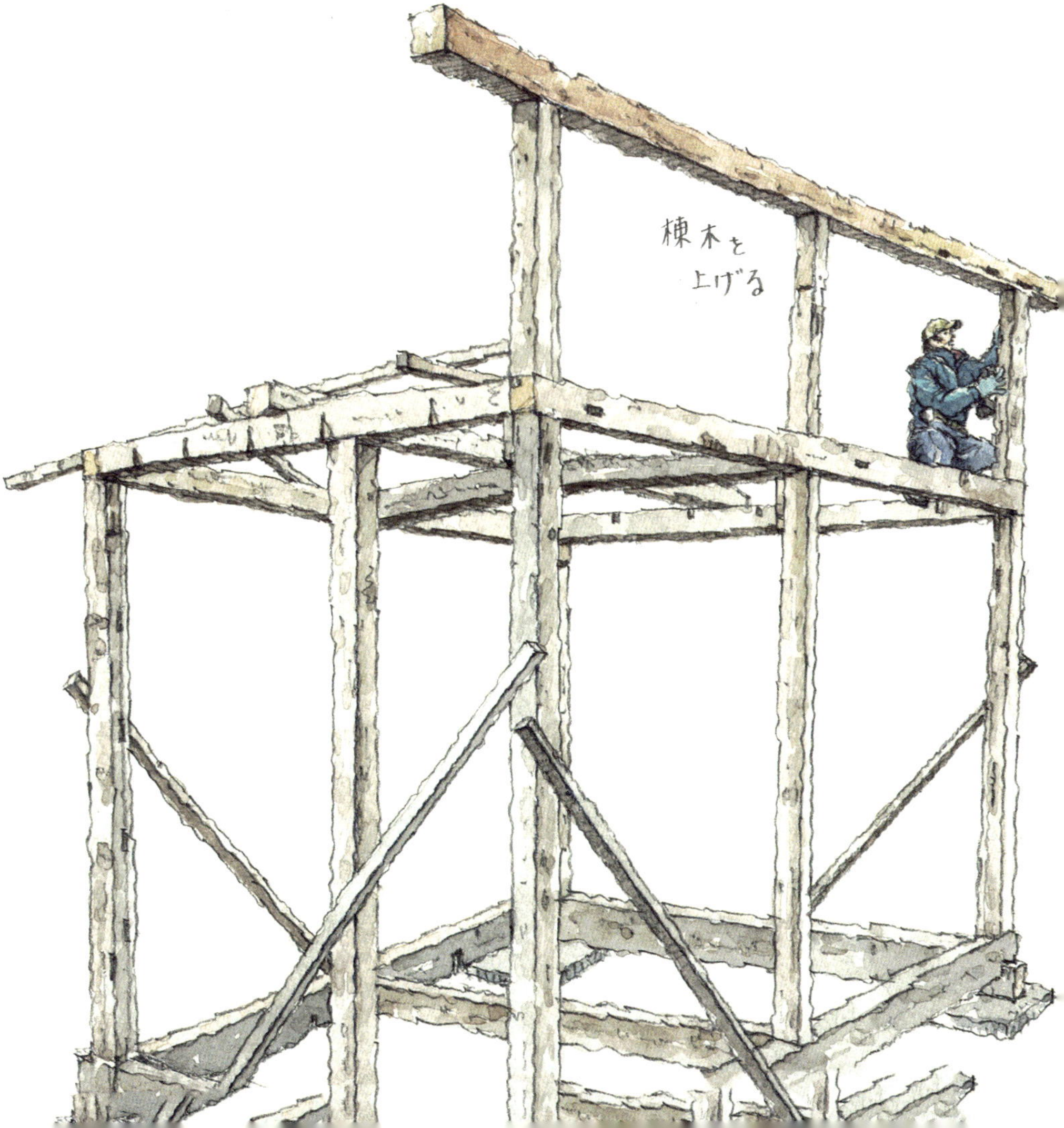

棟上げ、母屋立て

4日目の1歩目

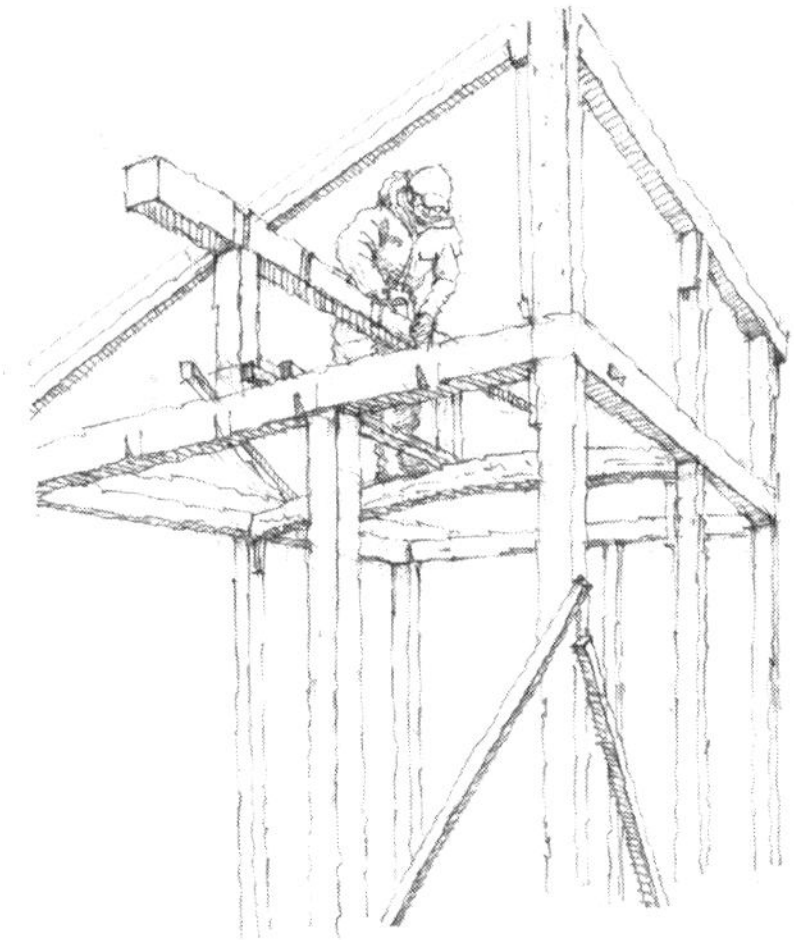

棟木の設置

前回の作業から四カ月が開き、富良野も雪解けの春を迎えたところで小屋づくり再開。幸い、雪の下に埋もれても躯体には目立ったゆがみは出ていなかった。

さっそく躯体にひょいと上って、小屋束《こやづか》を立て、棟木《むなぎ》を乗せる。続いて、母屋《もや》。あれよあれよと言う間に屋根の姿が見えてきた。「思ったよりものっぽだね」というのが共通の感想。

雪の多い冬の富良野を念頭に、屋根の雪が落ちやすいよう勾配《こうばい》を急にした。三角屋根もかわいいと思ったけれど、入口側に雪が落ちると雪はねが大変なので、片屋根のつくりにして反対側の側溝だけに落ちるようにした。見てくれだけではなく、生活利便性もちゃんと考えたつくりだ。

そういう意味では、建てる土地のことをよく知り、どうすれば暮らしやすいかを理解しておくことが重要だろう。

屋根垂木打ち

4日目の2歩目

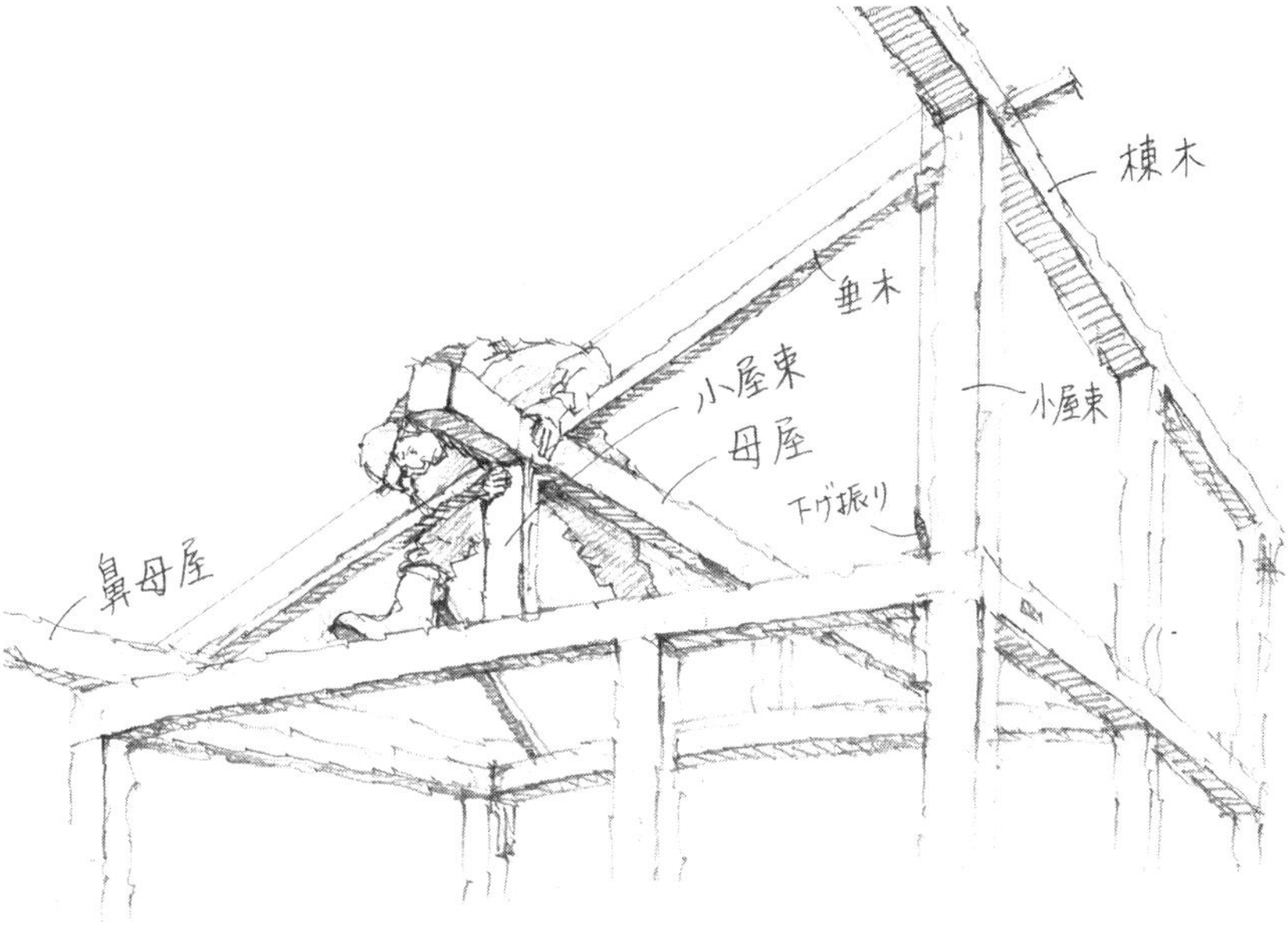

束を立て、母屋を乗せる

小屋束《こやづか》を立て、棟木《むなぎ》から母屋《もや》、そして鼻母屋《はなもや》まで順に建ったら、垂木を一本打つ。これで片屋根の形が見えた。この絵の中で棟木から「下《さ》げ振《ふ》り」がぶら下がっているのがわかると思うけど、これは小屋束がきちんと垂直に立っているか測るために使っている。細かな部分ほどこうして正確に、丁寧に作業することが肝要だ。構造が傾いているようでは、他のすべての工程にも狂いが生じてしまう。丁寧な作業は次の作業を、明日の自分を必ず助けてくれる。

　さて、もへじさんに下から材を手渡す仕事をしていたイマイであるが、

「イマイ君、上に上って垂木にビスを打ってくれるかな」

　おーっ、ついにお達しがきた。弱高所恐怖症ですが……上ります！　いやはや、上ってみると高いのなんの。足がぶるっちゃう。もへじさん、よく平気で作業するもんですねぇ……。

屋根の上から考えてみる

4日目の3歩目

長さの足りる材がなかったので、あらかじめ加工しておいたものを上でつなげて棟木《むなぎ》とした。そしてそこに垂木《たるき》を渡し、ビスで固定していく。もへじさんが大まかにビスを打ち、イマイがそれをしっかり止めていくという流れだ。無事すべてのビス止めが完了したところで、なんともへじさん、その上でぴょんぴょん飛ぶんだから恐れ入った。強度を試すためとはいえ、全然怖くないんだなぁ。

家の棟木が上がったら、上棟式をして餅をまく風習がある。僕たちがつくっているのはたかだか小屋だけど、建築物をつくるダイナミックさを肌で実感しているからだろうか、この小屋に棟木が上がったことでテンションが上がるのを感じた。

ところで、屋根の上でじっと考え込んでいるもへじさんの頭の中には、いったいどんなインスピレーションが湧いているのかな。

5日目

2017年5月中旬

屋根にトタンを張るの巻

青空の下でトタン張り

納屋の解体情報アリ！

5日目の1歩目

イマイ号に載せてGO！

立派な木造納屋

まだまだ使えそうな壁板

「今、解体現場にいるんだけど、よかったら来ない？」

五月初旬、もへじさんからの連絡を受け、現場へ急行した。物件は農家さんの納屋。非常に立派なつくりで壊すのがもったいないくらいの建物だ。もし先にこれが見つかっていたら……なんてのはまぁ今後もあることだろうから考えないことにしても、これから小屋づくりが屋根張り、そして壁板張りに移ろうとしているときにこの物件と出合うなんて、つくづくツイている。もへじさんとも、

「このタイミングだよ⁉　やっぱり、ウチらの小屋づくりには何かがあるんだよ」

なんてひとしきり興奮した。小屋の神様が見守ってくれているのかな。そうだったらいいなと思う。年季が入った味のある壁板を軽トラに十分に積んで家へ。これでまた今後の作業を安心して進められるぞ。

トタン釘を打つ

5日目の2歩目

小屋が小屋らしくなってくると、雨が降って濡れるのが急に痛ましく思えてくる。だから安心という面では、屋根張りもまた小屋づくりにおけるひとつの大きなステージと言える。それに屋根さえ張ってしまえば、少々天気が崩れようと何かしら作業ができる。

屋根トタンは、赤と青の可愛らしいツートンカラーに決めた。赤いトタンはもともとこの家に何枚も置いてあったもので、かなり状態はいい。青い方は納屋の解体現場から出たもの。どちらも中古なので、トタン釘が打たれていたところに穴が空いている。でも、そんなこと、この廃材小屋ではお構いなし。「後々屋根の内側にも板を張るし、勾配《こうばい》があればそんなに雨漏りはしないよ」ともへじさん談。

ということで、トタン釘を打ったためにいざ、屋根に上るも……その高さに閉口……。

さわやかな青空の下で

5日目の3歩目

空が近い

横桟《よこざん》も張った

どう？　ツートンカラー

「俺がところどころトタン釘を打っていくから、イマイ君はあとから全部打っていってくれる？」

「はいはい、そりゃあもう！」

お天気も良く、五月のさわやかな青空が近い。でもやっぱり怖い、屋根の上。ま、あんまり下のことは考えず、手元だけを見て釘を打っていこう。

赤いトタンの間に青いトタンを混ぜるのはイマイの意見だったけど、

「イマイ君らしいねー。いいんじゃない？　やってみよう」

ともへじさんも賛成してくれた。

波トタンを切る専用のハサミなんてものもあるんだなぁ。

今日のもへじさんはニッカポッカの出で立ち。屋根に上ればまさに鳶《とび》職人。

無事、屋根を張り終えたことで、ひと安心。そして充実感。また一歩、小屋らしくなった。

6日目

2017年8月下旬

小屋の細部を決めるの巻

楽しそうに作業する
もへじさん

あきちゃん登場!

6日目の1歩目

　友人のあきちゃんが通りがかりに寄ってくれた。あきちゃんは大正時代につくられた上富良野町の古民家を購入し、独学で建築を学びながら四年以上コツコツとそれを直し続けている。その根気にはまったく恐れ入る一方で、あまりに気長すぎるので、「サグラダ・ファミリアじゃないんだし、いったいいつになったらできるんだ?」との声も。それでも、本人はいたってマイペース。富良野のガウディと呼びたい市井《しせい》の芸術家だ。

　あきちゃんはいつも自分の家の作業をしにいく途中だから長居することはないけれど、僕たちの姿を見たら車を止めてちょっとでも声をかけてくれる。気づけばこちらも、「今日はあきちゃん来ないねぇ」と登場を待ちわびるほどになった。

　みんなから愛されるおじゃまキャラのあきちゃん。小屋づくり物語の名脇役だ。

ここまでできたぞ

6日目の2歩目

仮枠を付けて、窓の位置をイメージしてみる。躯体《くたい》ができればできるほど、細部のイメージが湧きやすい。更地《さらち》からスタートして、作業は今日が六日目。それでここまでたどり着けるのだから大したもんだ。もへじさんの作業は手際が良いから見ていて気持ちがいい。なにしろ自分の家の敷地内に小屋をたくさんつくってきた人。経験こそが成せる速技なんだと感嘆する。

積み木工法の強度については、もへじさん家の小屋たちですでに実証済み。台風がきたって問題なし。これは小屋が小さいからこそ可能なこと。これから筋交《すじか》いを入れ、内外の壁を張ることでさらに強度が増すだろう。

建物を大きくするなら、安定性のためにやっぱりほぞを刻んで組む必要がある。大きいよりも小さい方が強いということに、どこか含蓄《がんちく》を感じてしまうのは、自分だけだろうか。

梁の位置を変える

6日目の3歩目

　ここにきて、梁を下に下げ、これまで梁があった位置に別の材をあてがうことを決意。結構大胆な方針転換だが、こんなことでも即興でできてしまうのだからまたすごい。小屋の完成度を上げるためには面倒も惜しまない。まさに熱意の表れだ。
　もへじさんはどうやら二階のスペースをより広くしたくなったらしい。もちろん位置を下げても、家の梁は変わらずこの小屋のシンボルであり続ける。
　さらに、小屋の正面に回転窓を付けてみた。これはもともと壊した小さな家のトイレに付いていて、あまりに可愛らしいのでイマイが取っておいたもの。この小屋では重要な役割を担うことになりそうだ。
　小屋を大局的に見つつ、細部の作業を進めていくもへじさん。やっぱり作家というのにふさわしい人だ。

小屋は大人の積み木だよ

6日目の4歩目

この日、もへじさんは積み木を持ってきた。これ、もへじさんが三人の子供たちにあげたものなんだそう。角が取れたやさしい積み木。きっと子どもたちは、こういう木材いじりで豊かな感性を養ったことだろう。

僕らの一服は一〇時と三時にしているんだけど、いつも実に長いこと話し続けている。だけどこれがまた小屋づくりには大切な時間。さまざまなアイデアを出し合って、理想の小屋を追い求めていくのだ。

積み木を手に、もへじさんは言う。

「木材の組み合わせによってまったく違うものをつくり出せる。想像力次第だよ。既成の概念に囚《とら》われる必要はないわけだし、時間にも縛られない。のびのびと自由にやるのが一番楽しいよね」

大人になった僕たちは、今まさに少年のように、小屋づくりという積み木遊びを楽しんでいる。

子どもの頃の気持ちを忘れないで

家で廃材の釘抜きをやっていたときのこと。子どもたちが近くに寄ってきて、「やりた～い！」と言った。僕にもこんな時期があったはずだけど、いつの間にか、僕にとって釘抜きは仕事の一つでしかなく、やりたくない作業になっていたことに気づかされた。

子どもたちは楽しみながら延々と釘を抜き続けてくれた。彼らの好奇心は素晴らしいと思ったし、これからも無理にやらせるのではなく、こうやって一緒に楽しみながらものづくりをしていくことができたらいいなあと思った。それは子どものためでもあるけど、僕のためでもある。忘れてしまった作業の楽しさを子どもから教えてもらうことができるからだ。

積み木や砂の城、それから秘密基地。壊してはつくり、つくってはまた壊す。それでもまたつくらずにはいられなかったあの頃。

大人になり、時間に追われながら慣れた作業を繰り返していくのはとても苦しい。だけど、作業工程は同じでも、完成品がまったく別のものになることだけはたしか。それはそのときどきの自分の気持ちによってカタチが変わるから。その事実を忘れず、完成したときの喜びを体で覚えることができれば、苦しさに楽しさが勝ち、子どもの頃のような感覚でものづくりを続けていけるんじゃないかな。

もへじ

これまでにつくった小屋③　川邉もへじ

子どもたちの小屋

これがもへじ小屋の原型。それまでは屋根だけの四阿《あずまや》のような建物をつくったり壊したりして試行錯誤していたんだけど、このときは子どもが小学校最後の年になることもあって、最後までつくりきることにしたんだ。作業日数は二〇日くらいで、費用は釘代だけ。

コンセプトは「子どもが自由に遊べる空間」。その上に安心して立てるように、平らな屋根にした。僕も屋根に上ると子ども時代に戻れる。

考えてみれば、「子どもだけの自由な空間をつくりたい」というのは、もともとは自分が子どもの頃に描いた夢だったのかもしれない。親が決めたことに従わなくてもいい、子どもが自分で考え、決めることのできる空間。生活すると同時に遊び、学ぶための場所だ。

これまでにつくった小屋④　川邉もへじ

川邉家の小屋教育

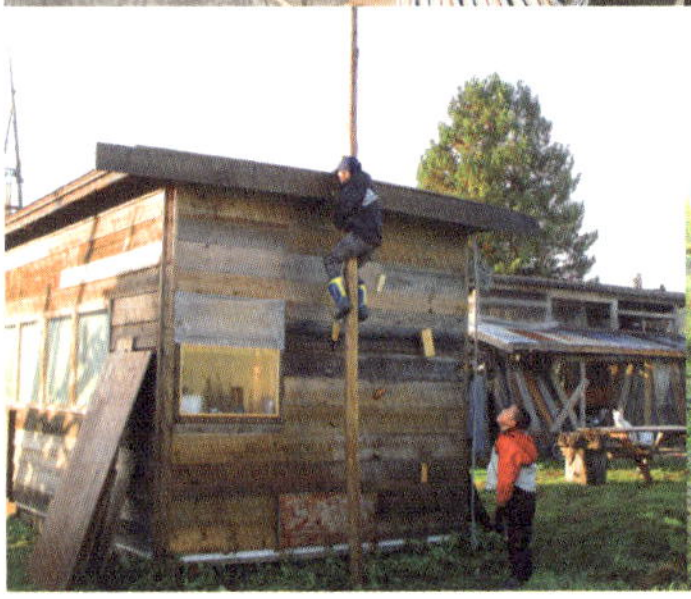

子どもたちにとって、小屋は大きい遊具のようなもの。屋根に乗ったり、壁をよじのぼったり、紐にぶら下がったり、ストーブに火をつけて温まったり、料理をしたり……。早いうちからこういう遊びをしているからだろうか、僕の子どもたちは火や道具の使い方がとても上手い。大人に言われたから「危ない」「やらない」ではなく、子どもたちには自身の五感で「危険」を学んでいってほしい。

子どもが小さい頃は、クリスマスに彼らだけで小屋に泊まったこともあった。煙突が細くて不安だったけど、どうやらちっちゃなサンタさんが降りてきてプレゼントをちゃんと届けてくれたらしい。

この頃は近くに学童保育の施設がなかったから、ときどき近所の子どもたちがやってきて遊んでいくこともあった。

7日目

2017年9月初旬

窓と扉を付けてみるの巻

下窓を付けてみる

7日目の1歩目

窓の位置を決める

もへじさんが面白い窓のアイデアを携えてきた。それは、低い位置に付ける横長の窓。これ、畳を敷く予定の小上がりに座ったときに外の草木を眺められるようにするもの。小粋なアイデア。茶室のイメージかな？

よく人から、「この小屋で何するの？」と訊《き》かれる。でも、どんなふうにこの小屋を活用するのかについて、実はまだ明確には決めていない。お客さんが来られたときに応接したり泊まってもらったり、場合によっては僕が絵や文章をつくったりするときのアトリエとしても使いたいとは思っているけど。

でもどういう使い道であったとしても、緑の映る小窓があればきっと素敵だろう。僕やお客さんの気分がちょっと倦《う》んだとき、視線を草木に遣《や》る。彼らを見て心が和む。実に気の利いた誂《あつら》えじゃないか。

入口扉の仮取り付け

7日目の2歩目

入口扉の「仮り」取り付け

「イマイ君、何かいいトビラとか持ってないかなぁ」

もへじさんがそう言うので、納屋の奥に取ってある扉をいくつか見てもらうことにした。

壊した納屋の扉や解体現場からもらってきた扉などを順番に見ていく。

「あー、これ、いいんじゃない？」

もへじさんが気に入ったのは、壊した小さな家に使われていたガラスの引き戸だった。

「見てごらん、このガラス。ちょっと歪《ゆが》んで向こう側が見えるでしょ。古いガラスで、今じゃ手に入らないんだよ。これ、いいねぇ」

この扉を玄関に仮付けしてみると、驚くほど雰囲気にピッタリ。開き戸にする予定だった入口は、もへじさんの即興で引き戸になった。僕は、壊した小さな家の材をまたひとつ見出してもらえたことが本当に嬉しかった。

小窓から覗く世界

7日目の3歩目

小窓を付けようとしている場所から外を眺めてみた。雑草が青々とはびこっている。春から夏にかけて雑草駆除には手を焼くけど、そういえばこうした光景だってひとつの豊かさなんだと気がついた。

僕は農作業ヘルパーとして二〇〇一年に富良野に来た。その前は横浜で一二年、東京で五年暮らしたけど、その頃緑に触《ふ》れた場所といえば、公園くらいなもんだった。いつもコンクリートジャングルの中だった。

もへじさんが廃材を「ヴィンテージ材」と呼ぶけど、雑草も言い換えれば「ハーブ」だ。見方を変えれば価値も変わる。雑草として忌み嫌われるタンポポやスベリヒユだって本当は食べられるのだし、自生するドクダミを干してつくるドクダミ茶はここ数年僕の楽しみのひとつだ。

僕の愛する豊かな庭。それを小窓から眺める日が待ち遠しい。

8日目

2017年9月下旬

床をつくるの巻

談笑する
もへじさんとあきちゃん

筋交いの取り付け

8日目の1歩目

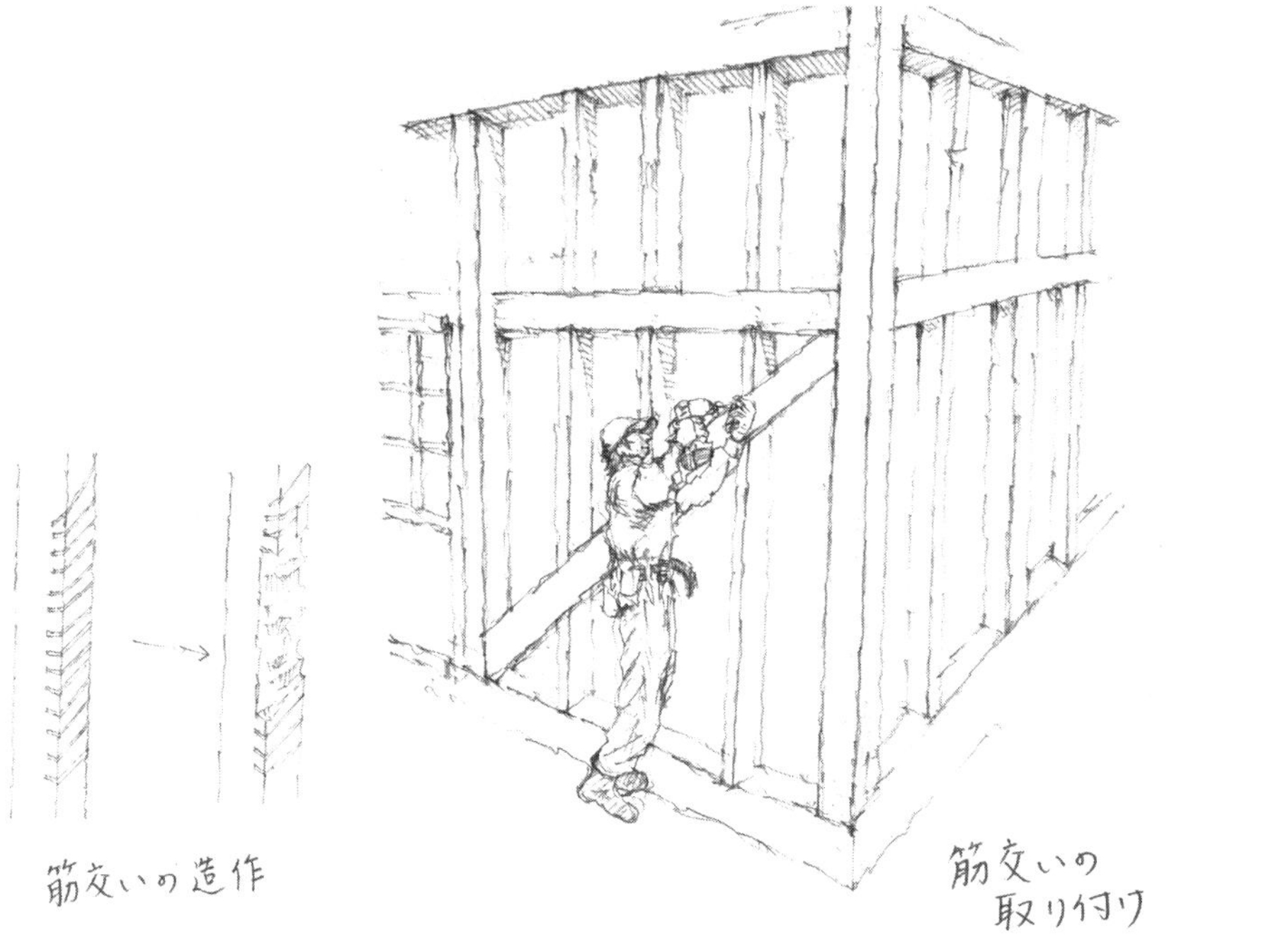

もへじさんがイマイにどんどん仕事をつくってくれる。次なるミッションは「筋交《すじか》い入れ」。筋交いは家の強度を高めるもので、耐震補強にも使われる。四隅の柱から、間柱《まばしら》を挟んで隣の柱までを斜めに貫いて固定する。これは強くなりそうだ。

まずもへじさんが見本をひとつつくってくれた。間柱に筋交いの厚さの刻みを丸ノコで入れ、げんのうで叩いて落とし、筋交いをはめる。きっちりはまるととても気持ちがいい。

上から下まで小屋の四方を筋交いでガッチリ固定。積み木工法の構造的弱さが徐々に解消されていく。

もへじさんが小屋づくりを施主にもさせるのは、ともに作業をこなしながら小屋のつくり方をしっかり学んでいくことで、今後何かしらの不都合が出たときに、施主が自分で直して小屋を維持していけるようになることを願っているからだ。

1階の床づくり

8日目の2歩目

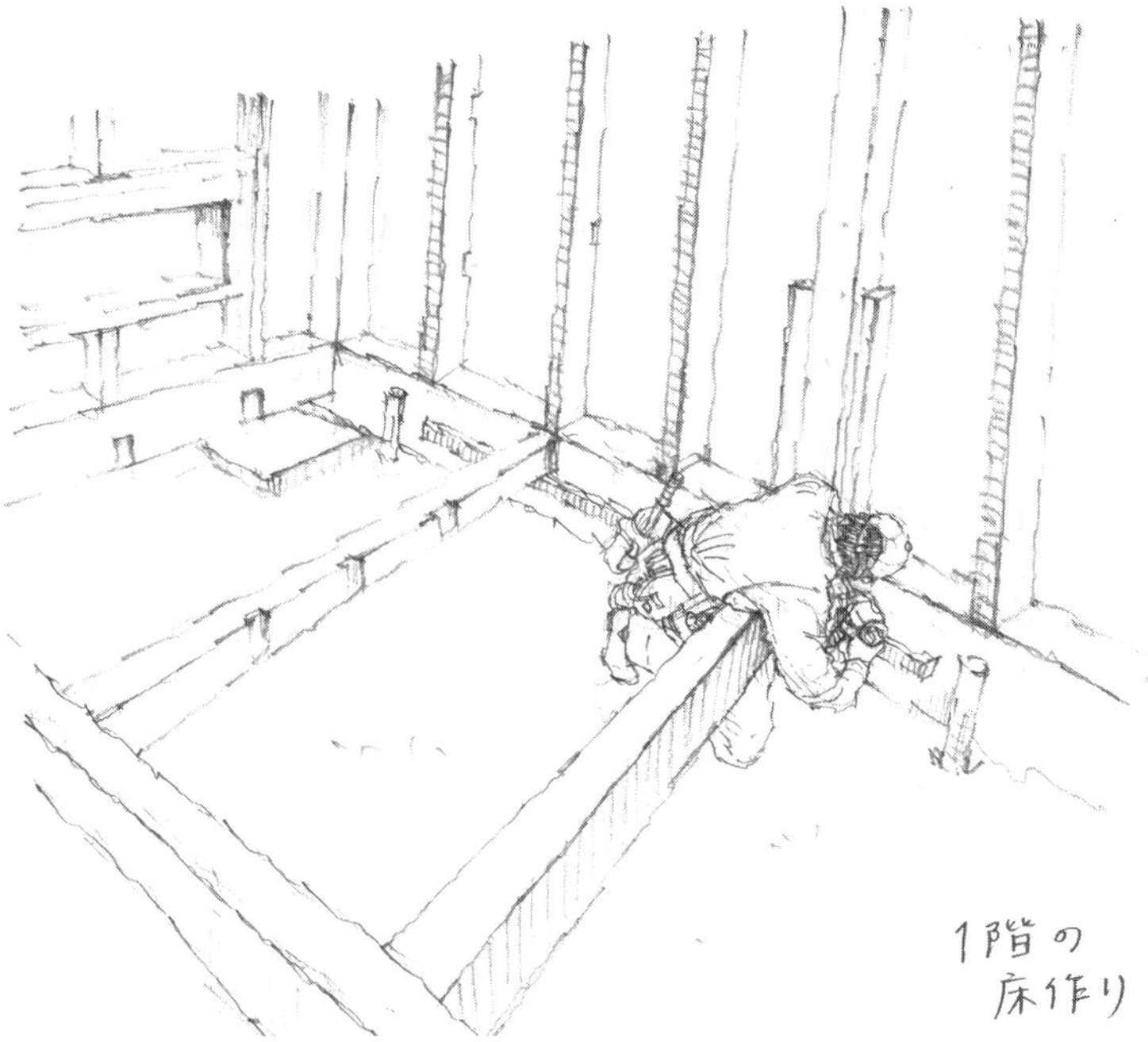

もへじさんと相談した結果、六畳の広さの一階部分は、小上がりと土間で三畳ずつ半分に分けることにした。

イマイは普段庭で畑仕事をしたり家の造作をしたり、汚れることの多いライフスタイル。だから六畳すべてが部屋の間になっていると、汚さないようにと思って行動が制限されてしまう。でも土間の部分があれば仕事着のままで小屋に入ることができるし、いちいち靴を脱ぐ必要もない。それに薪ストーブを置くことを考えると、気兼ねなく汚せた方がいい。これでまた、この小屋の構造にユニークさが加わった。

チセ(アイヌの家)もそのほとんどに土間がついていたと聞くし、幼い頃に過ごした三重県の親戚の家にも土間があった記憶があるから、僕は土間を思うとどこか懐かしい気持ちになる。

作業が分担されてきた

8日目の3歩目

小窓の仮付け

筋交い取付け中

二階の床づくりも始める

一階床の大引をビス止め

もへじさんはずっと、小屋が欲しいなら本人がつくるべきだと言ってきた。アドバイスはするから自分でつくりなさい、と。ただ、イマイはあまりにも家の構造や大工作業に無知だったし、小屋づくりに対するもへじ式の哲学も学びたかったから、ここまで先導してもらってきた。

でも、この先もへじさんはより重要な箇所に取り組むことになるから、少なくとも単純作業はイマイが担うことになった。イマイが筋交いを付けている間、もへじさんは一階二階の床をつくる。イマイが筋交いを付け終わったときにはまた新たなイマイ用の単純作業が用意できている。こういう流れができたことで小屋づくりは一段と捗《はかど》るようになった。

そして今日も富良野のガウディ・あきちゃんが寄ってくれて、

「だんだんできてきたね！」

と嬉しそうに声をかけてくれた。

9日目

2017年9月下旬

防水シートを張るの巻

あきちゃんに手伝ってもらう

9日目の1歩目

透湿防水シートを張る
（あきちゃんも飛び入りで手を貸してくれた）

久々の新品購入。透湿防水シートだ。水は通さないのに湿気は通すという性質を持っているから、壁内の湿気を屋外に出し、結露を防いでくれるらしい。ついでに防風性もある。これをタッカーでぐるっと小屋を一周させ、外壁の下に施すのだ。

おっ！　ちょうどいいところにあきちゃんがやってきたじゃない。

「いいよいいよ、やるよ～」

という言葉に甘え、手を借りる。気のいい富良野のガウディである。

シートをぐるり。これ、次はもう壁張りっていう意味。スケルトン状だった小屋も、ついに壁を張る段階へ。もう骨組みは見えなくなるんだなぁ。

家って、出来上がりだけ見るとわからない物語がある。ここまで振り返ってみて、骨組みだけでもこんなにも物語があることを僕は知った。

震えながら屋根に上ったこと、僕はきっと忘れない。

階段の位置をイメージする

9日目の2歩目

この小屋は一階が六畳（約三坪）で、うち半分の三畳が土間、もう半分の三畳が小上がりという構成だ。土間部分は吹き抜けにして開放感を持たせる予定。

それから小上がりの上には同じ広さの二階を設けるつもりでここまできたけど、いざ階段を設置となると、これがまた場所を取りそうでなかなか考えものだ。三畳のスペースを有効に使い、狭く感じさせない方法があるだろうか。頭をひねって考える。

もへじさんの建築物の特徴のひとつは円い窓で、もうひとつは忍者の家のような構造をした省スペースの階段だ。

はたして今回はどんな階段が生まれるのだろうか。もへじさんは板を持ってきて、どの方向に階段を向ければこの空間に相応《ふさわ》しいのか、ああでもない、こうでもないとイメージをし始めた。

しかし、お金がかかりません

9日目の3歩目

透湿シートが小屋をぐるっと一周したせいで、中に入ると、もう窓からしか外は見えない。すごい進捗《しんちょく》だ。

あらためてここまで購入したものを列挙《れっきょ》すると、ビスと釘（まとめて大量購入で一万円）、垂木《たるき》（屋根用二〇本で一万五〇〇〇円）、横桟《よこさん》（屋根用二〇本で一万四〇〇〇円）、透湿防水シート（五〇メートル×一メートル二本入りで六〇〇〇円）。以上。

曲がりなりにも小さな家づくりだっていうのに、全然お金がかかっていない。なにしろほとんど新品を買わないんだから。それでもやっぱり屋根には強度を持たせなければならないということで垂木と横桟には新品の材を選んでいるから、そこだけ少し費用が必要だったけど。

しかし、本当にほぼ廃材だけでここまで建っちゃうんだからやっぱりすごい。

もへじ小屋、恐るべき節約設計。

土間に土壁を混ぜる

9日目の4歩目

消石灰を混ぜる

土壁の出番！

土壁を土間へ入れて均す

ここに建っていた昭和二一年築の小さな家を壊す際、「取っておいたらいいよ。水で練ったらまた使えるから」ともへじさんに言われ、未来の出番のために取っておいた土壁。

ようやく土間になった一階の空間を眺めているうちに、ふと「これ、三和土《たたき》になるかな」と思い付いた。

三和土とは、セメントがなかった時代に地面を固めるために使われていたもので、土に消石灰《しょうせっかい》と水とにがりを混ぜてひたすら叩いて固めてつくる。調べてみたら土の質によって材料の割合も変わるみたいだったけど、まぁ適当に混ぜればそれらしくなるんじゃないのと、直感で土に消石灰と土壁を混ぜてみた。こうすることで、壊した家の魂もここに入れられるような気がしたのだ。

とりあえず今回は混ぜて均《なら》しただけ。小屋の中が出来上がったら、あらためて叩こう。

どうして〝廃材小屋〟なのか？

大きいものをつくればその分可能性も大きくなるかというと、そういうわけでもない。むしろ小さい方が創造の幅は広がる。材料も揃えやすいし、壊れてもすぐ直せる。つくって壊してまたつくる。その繰り返しのなかで自分がつくりたいものが見えてくるはずだ。完成させるということにこだわらなければ、次々に生まれるアイデアによっていくらでもカタチを変え続けることができる。

僕の仕事は、「お金がないから、ほしいものはつくろう」というところから始まっている。お金をかけないためには、解体現場へ行き、知らない人と交渉して廃材をもらわなければならない。仕事を始める前の必要な準備だ。時間はかかるけど、そうすることで手に入れた材には、それを譲ってくれた方への感謝と、材料集めを頑張った自分の情熱が詰まっている。さっきまでゴミになろうとしていた廃材も、すでにこの時点で僕にとっては特別な材になっているのだ。

これから何か建てたいと考えている人は、機会さえあれば、まずは家でも小屋でもとりあえず解体してみるのがいいと思う。長い年月を経た材には腐っている場所や歪んでいる場所がある。どういう場所がそうなりやすいのかを自分の目でよく見ておこう。つくった人の技術や思いに直接触れよう。こうした経験もまた、新しい材にはない廃材ならではの良さだ。そしてこのときの経験が次にモノをつくるときに生きてくるはずだ。

材は金額ではないということ。それぞれに物語を持っていて、その物語が次のカタチをつくっていくということ。廃材を使うことのこうした意味をイマイ君と共有したいという気持ちから始まった今回の小屋づくり。そろそろ前半の工程が終わろうとしているけれど、僕たちはどれくらいこの考えを共有できただろうか。

もへじ

これまでにつくった小屋⑤　川邉もへじ

妻の小屋　その1

廃材は野ざらしの状態で保管しているため、出番がなければ腐ってしまう。そこで仕事の合間を見ながら、余っていた廃材を使って妻が欲しがっていた小屋をつくることにした。

残念ながら、窓を大きくしてほしいという妻の要望にはさまざまな事情で応えられなかったけど、いい材料を使っているから〝小屋村〟のなかではこの小屋が一番人気がある。だけど〝いい材料〟といってももちろん廃材だ。この小屋ではもともと床材だったものをたくさん使っているんだけど、床材は廃材のなかでも〝いい材料〟であることが多い。というのも、床材には丈夫な木材が選ばれるし、昔の人は床をよく乾拭きしていたから、長い間人の手で繰り返し磨かれたことで柔らかな味のある色つやになっているんだよね。

これまでにつくった小屋⑥　川邉もへじ

妻の小屋　その2

この小屋には、「人が集まったときにも利用できる空間」というテーマもあったから、調理場を充実させて、床と天井を上品に仕上げている。

誰かが訪ねてきてくれたとき、もちろん家の居間に集うこともできるんだけど、他人のプライベートな空間ということでなかなかリラックスしてもらえない。その点、小屋というのはなんとなく〝外〟みたいな感じがするから、大人も子どもも気兼ねなく過ごせる。

実際にこの小屋は、庭で餅つきをした後にみんなでもちを食べたり、子どもたちに紙芝居を上演したりする場所としても利用している。僕の家から少し離れたところで行われている自主保育の子どもたちが大勢遊びにきてくれて、みんなでお弁当を食べていったこともあったよ。

10日目

2017年10月初旬

新しいアイデアを加えるの巻

くつろぎの一服

回転窓の取り付け

10日目の1歩目

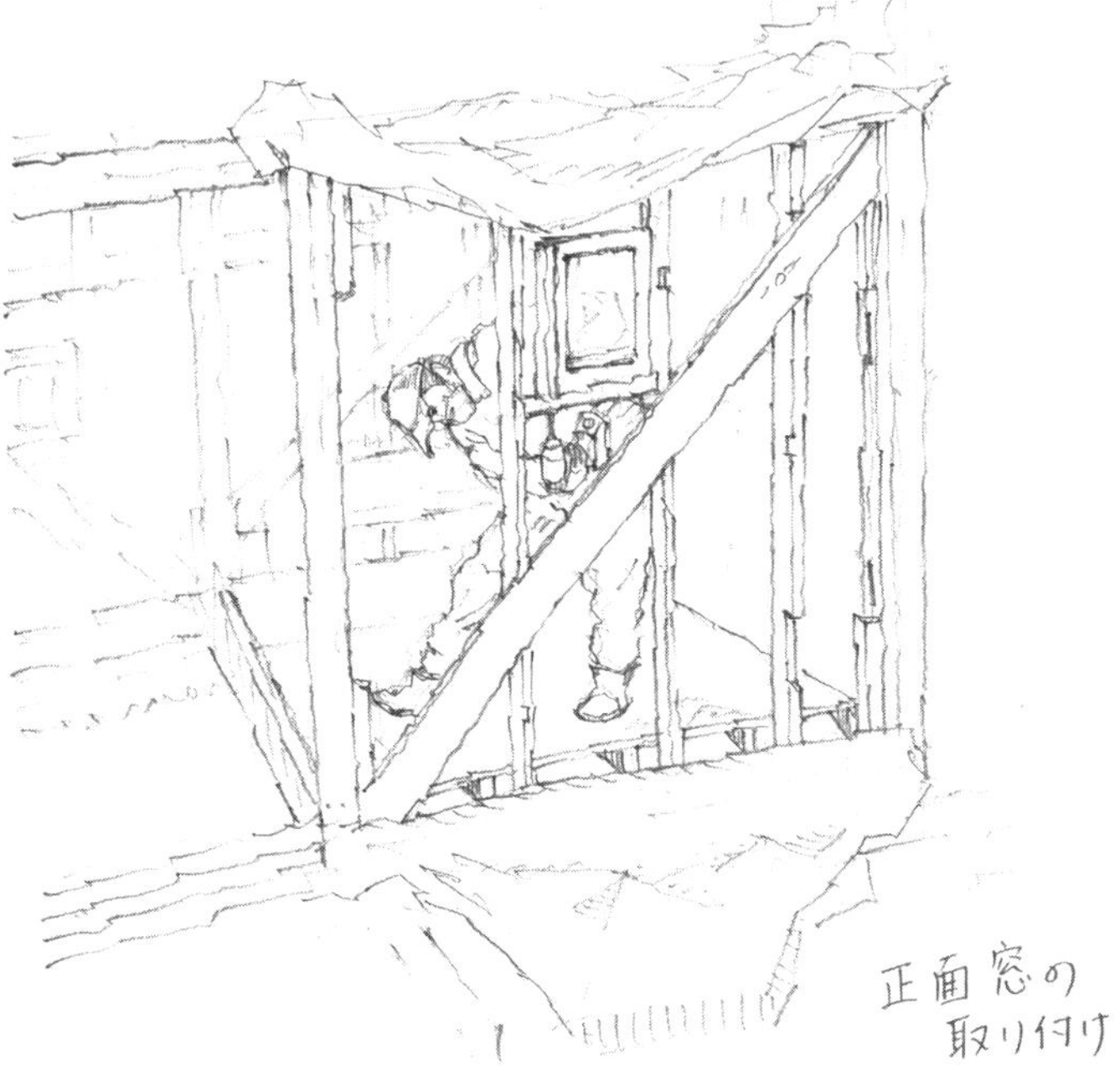

　解体した小さな家のトイレに付いていた回転窓は、今まで小屋の正面に仮付けしたままだったけど、今日は正式に取り付けることにした。

「イマイ君はどの辺がいい？」

　もへじさんが訊《き》いてくれたので、

「小上がりから住居の玄関が見えるといいなぁ」

　とリクエスト。でもそれ、イマイが付けた筋交いにかぶる位置……。いや、いいですいいです、そんなのは何回だってやり直します。今回はたかだか筋交いだから容易《たやす》いけど、そういえばもへじさんは梁の位置まで変えていたこともあったっけ。

　気に入るまで妥協《だきょう》せずにやり直す。こだわることには徹底的にこだわる。面倒くさいという言葉はこの際捨ててしまおう。こういうところに思い入れの強さが出るはずだし、そうでなくちゃ、いいものなんて絶対にできないんだから。

小屋の中で一服できるありがたさ

10日目の2歩目

この小屋づくりの物語の中で一瞬だけではあるけど、白亜《はくあ》の姿が誕生した。ま、ただ透湿シートが張られただけなんだけど。これで風も他人の視線も遮ることができる。

まだ骨組みしかない小屋にシートが張られただけなのに、どうしてこうも頼りがいのあるスペースに感じるのだろう。どうも僕らは空間を閉ざすことでそれをひとつのテリトリーと認識する傾向があるらしい。外から干渉《かんしょう》されず、プライバシーが保たれる。そのことに大きな安心感を覚えるのだ。

いよいよこれが僕らの基地《ベース》になる。一服ですするお茶も格別だ。小屋は生き物が成長するかのようにどんどん姿を変えていく。イメージと現実は違い、その空間に立って初めて感じることがある。僕たちはそれに驚きつつも、そこからまた新たなインスピレーションを喚《よ》び起こすのだ。

古材にカンナをかける

10日目の3歩目

イマイの比ではなく、もへじさんはものすごい量の材を家に備えている。それがもへじさんの木工作家としての仕事の支えだ。

そんな大切な材を、「小屋の二階にこの材が合うんじゃないかと思ってね。結構古いんだけど、厚さがあるからいいよ」と持ってきてくれた。ありがたいなぁ。

「電気カンナなんてないよね?」と訊《き》かれ、そう言えば実家の親が使わないからとくれたものがあった。箱を開けたら未使用の新品。使い方も知らないけど、もへじさんがシャーシャーと床板材の表面を滑らせて、みるみる間に白い木肌が表れた。

表面を削ったら新品のようになるんだから、木材の寿命は長い。そして、道具の使い方をまたひとつ教わった。

道具は使ってみなきゃ。これで僕も、いつでも木をすべすべにできるぞ。

こんなものにも活躍の場が！

10日目の4歩目

チェーンソーで切る

在りし日の大木

二〇一五年一月の話。庭の大木がウチの住居に影をつくり、葉から出る脂《やに》も屋根トタンに悪いというので切ることにした。もへじさんが来てくれて、チェーンソーで切り倒し、大木はひとまず庭の隅っこに置いておくことにした。

もへじさん、今回それを見て突如ひらめいたらしい。小屋の前にウッドデッキを据え付けようというのだ。うーん、また想像もしなかったアイデア。確かにデッキがあれば小屋の前で作業もできるし、バーベキューなんてシャレたことだってできるかも知れない。実に素敵だ。

ただ、これが重いのなんの。木にロープをかけて、ふたりでヒーヒー言いながら運んだ。

この小屋では、いろんなものが復活し、新たな生命を与えられる。大木がゆえに迫力十分。またひとつ強い個性が僕らの小屋の一部になった。

道具は少しでいいんだよ

トンカチ、手ノコ、釘抜き、釘袋、丸ノコ、サシガネ、下げふり、水平器、インパクトドライバー、鉛筆、水糸、すみつぼ。これが僕が使っている道具のほとんどすべてだ。これでも少ない方だけど、僕はできることならもっと減らしたいとさえ思っている。道具が少ないことは不便でもあるけど、想像力をうんとはたらかせることになるし、素材をあまり加工しないでいられる。そうすると、できあがったものにつくった人の〝らしさ〟が表れやすくなるんだよね。

だから僕は、基本的な作業に使う専用の道具としては「丸ノコ」と「インパクトドライバー」があればできる小屋づくりを目指している。いっとき、たくさんの道具を使って美しく正確につくることを目指した時期もあったんだけど、道具がないとできないことや、みんな同じ顔になってしまうことに飽きてしまった。性に合わなかったのだろう。

専用の道具が少ないと不便だと思うかもしれない。でも道具がなくてもやれる新しいやり方を自分で考えればいいのであって、そうすることで「新しい顔」を生み出すことができる。道具だけではない。素材も、神経質に削りすぎず、できるだけそのまま使うのがいい。時間の節約にもなる。

とにかくシンプルな方法を目指すこと。そうすれば多くの人が作業に参加できるようになる。そして、自分一人では思いつかないようないろんなアイデアが入ってきて、小屋づくりはもっと楽しくなる。

もへじ

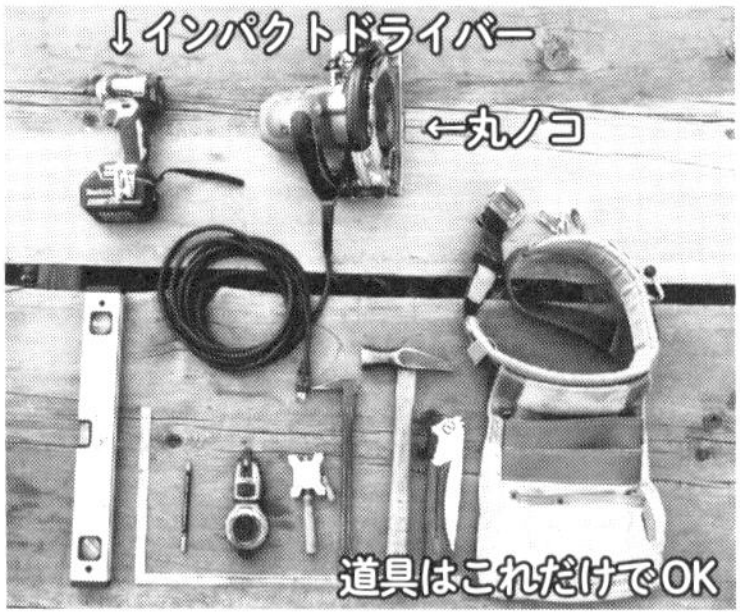

これまでにつくった小屋⑦　川邉もへじ

自分の小屋　その1

世界に一つしかない、最高のお風呂小屋。脱衣所付き。僕のうちでは、雪のない季節はこのお風呂に入るし、お客さんに入ってもらうこともある。お湯を沸かすときの燃料は、もちろん木だ。建物の材料として使えなかった廃材を使う。火を使うついでにここで料理もできる。

僕はこの木を燃やす時間が好きだ。パチパチと爆ぜる音、煙の匂い、炎の温かさ……。僕の中にあるDNAが、遠い昔、火とともに生き抜いてきた記憶を思い出して喜んでいるような気がする。

ちなみにこのお風呂、最初は壁がなくて屋根だけというとっても開放的な露天風呂だったんだ。でもやっぱり壁があった方がいいってことで、そこから五回ほどつくり変えている。つくってみないとわからないことはあるからね。

これまでにつくった小屋⑧　川邉もへじ

自分の小屋　その2

この写真の湯船に浮かんでいるのは、柚子と桜の花びら。こっちに引っ越してきたときから家の敷地に群生していた千島桜の花びらをいっぱい集めて入れたんだ。息子たちと一緒に、その辺の原っぱに咲いているルピナスの花を手でちぎって入れたこともあったなあ。ルピナスって形は藤《ふじ》によく似ているけど、いろんな色があるんだよ。どれも外から持ってきたものだから土がついていたりもするんだけど、家の中のお風呂じゃないんだし、汚れたって平気。そういうところも外風呂の魅力の一つだ。

冬は水が凍ってお湯が張れないから、お風呂の代わりの楽しみとしてサウナもつくっている。あとは脱衣所に扉をつければ完成なんだけど、今はまだ試せていないんだ。

11日目

2017年10月中旬

小屋を暖かくするの巻

素性の異なる板材を
並べて張り、壁に色の階層を作る

薪ストーブの設置

11日目の1歩目

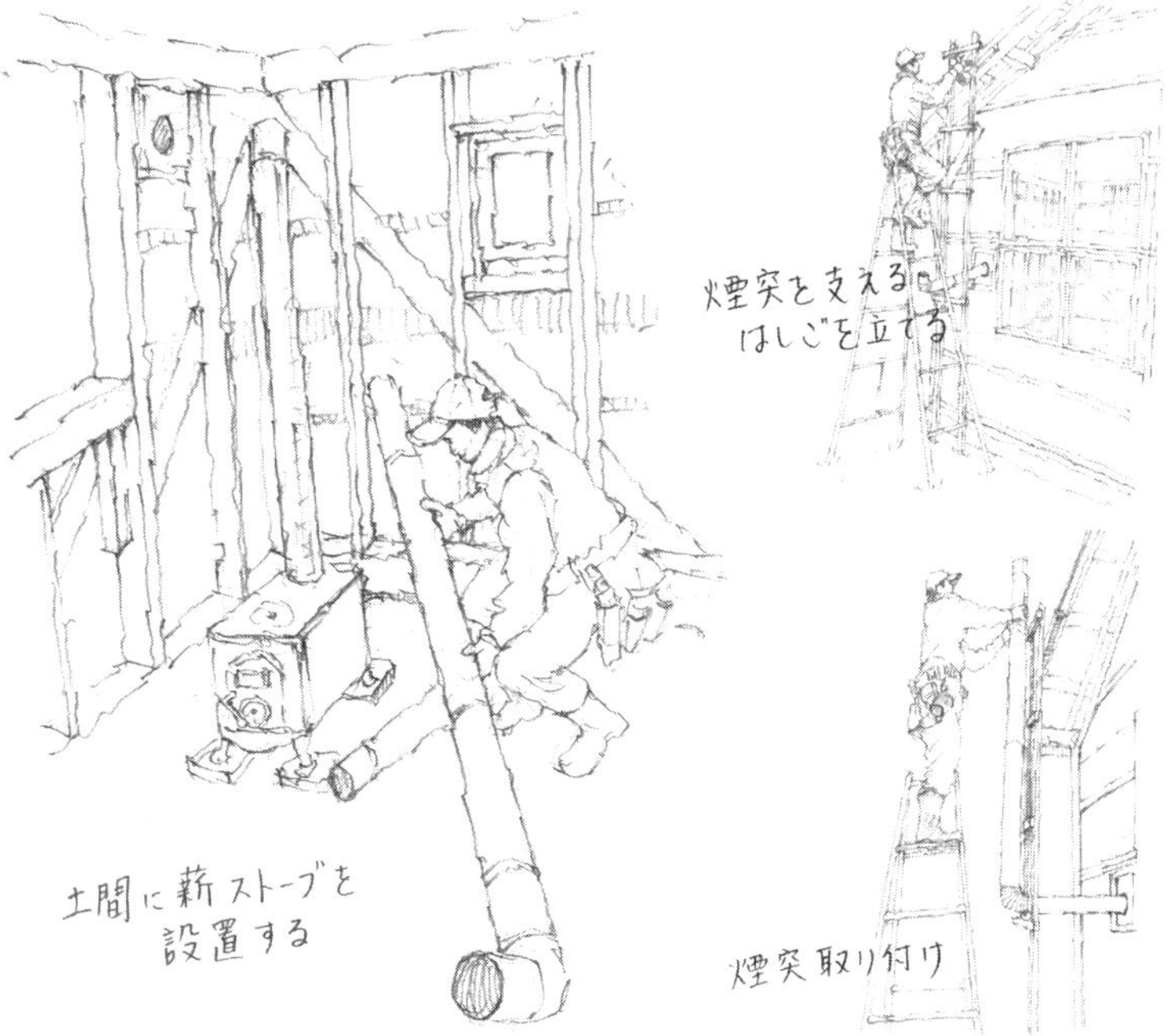
煙突を支える
はしごを立てる
土間に薪ストーブを
設置する
煙突取り付け

一〇月中旬ともなると、富良野にひたひたと冬の足音が近づいてくる。
「これ、合うんじゃないかと思ってさ」
と、もへじさんが鋳物の薪ストーブを持ってきた。こんなもの、どこで手に入れたんですか⁉ 錆《さび》と薪入れ口のガタは多少あるけど、立派なもの。それに、一二五㎜とやや径の大きい煙突（一般的なサイズは一〇五㎜）とジョイントまで持ってきてくれた。

もへじ式煙突設置の方法。まず廃材で簡単なはしごをつくり、外に据え付ける。その階段部に中央を凹ませた空き缶をあてがい、「受け」にする。そこに煙突を針金でくくり付ける（一五〇頁の図参照）。いやー、賢い。あっさりと設置し終え、早速点火。おぉ、煙突から煙が。

暖を取りながら一服。屋根の上に煙がたなびく。僕らの小屋に暖かい暮らしが生まれた。

壁板を張る

11日目の2歩目

いよいよ壁を張っていく。最初の一枚は中央に。下げ振りできちんと垂直を測って張れば、あとはそれに合わせて並べて張っていけばいい。問われるのは壁板の素材と色彩を選んで並べるセンス。「イマイ君に任せるよ」ともへじさんにも言われていたので、ある程度導いてもらったあとはコツコツひとりで張っていく。

解体納屋の現場から持ってきた壁板は、外壁と内壁で朽ち方、風合い、色が異なる。一種類で外壁全体を統一させるほどには数が揃っていないので、初めからバラバラに並べて縞模様になるよう配置した。

釘の穴も、節で空いた穴も、ヒビや腐れもある。でもそれもまたいい。あんまり考えると進まないのでなんとなく張っていったが、もへじさんも自分自身も感心するような出来栄え。

「これ、かわいいねぇ。こんな風になるとは思わなかったねぇ」

煙をぼんやり眺める

11日目の3歩目

壁板の色の階層

火が入ったぞ！

自宅や敷地内の小屋で試行錯誤をしながら薪ストーブを設置してきたもへじさんの経験が、今日の作業に直結している。廃材でつくったはしご、つぶした空き缶でつくった煙突の「受け」。お金より先に知恵を使う。なんて大切なことだろう。

煙を眺めながら、かってあったこんなやり取りを思い出していた。

「イマイ君、これいる？　ウチはもう使わないんだ」

もへじさんはそう言って、ガスコンロをくれた。年中薪ストーブで調理する暮らしに変えたそうだ（予備としてカセットコンロは使うらしい）。極端でもあるが、思い切って生活の中から文明に異議を唱える。原始への回帰のようでもあり、最も文化的な思考の方向性だとも思う。

廃材の壁が色の音階をつくる。その上に伸びた煙突から、のんびり煙が流れていく。

12日目

2017年11月初旬

ウッドデッキをつくるの巻

作業は丁寧にね

12日目の1歩目

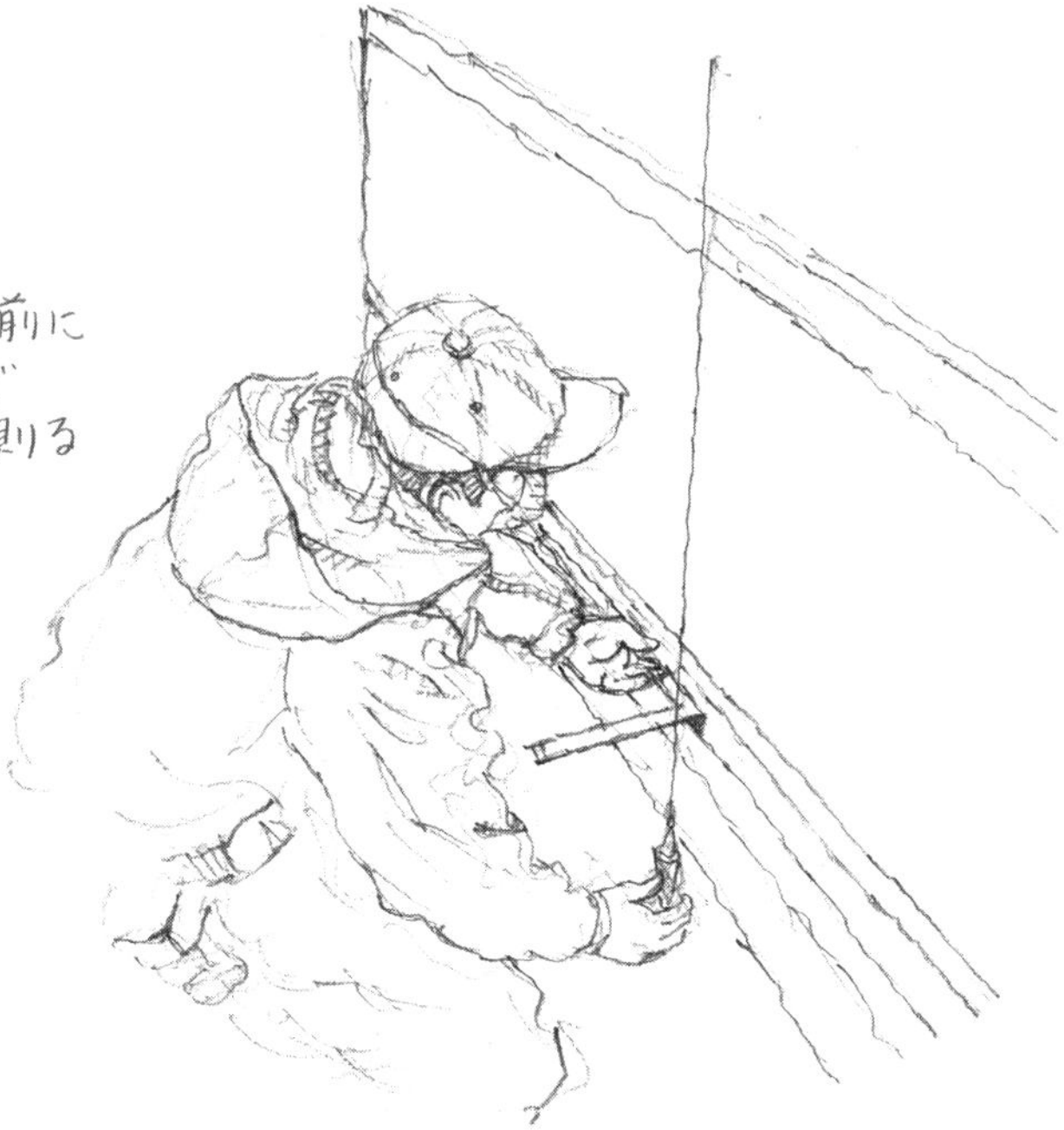

壁張りを任せられたイマイだけど、

「ねぇちょっとイマイくん、なんかずれてない？」

と指摘されてギクッ！　水平器で測ってなんとなくオッケーかなと最初の壁板を張ったんだけど、それがずれていたためにそのあと張った全部がずれてしまったようだ。

「これ、下げ振り。こうやって上から下げて差し金をこうやって当てて」

すみません。イマイのがさつでいい加減な性格がバレてしまった。

「廃材を使ってお金を使わずにモノづくりをする」なんて聞くと、おおざっぱで雑な作業をイメージするかもしれない。でも実際にはこの小屋は極めて丁寧につくられている。

モノをつくるのに、新しい材を使うか、それとも廃材を使うか。違う点はそこだけ。この小屋では、まさに新築の家と変わらない仕事が成されているのだ。

根太材を並べる

12日目の2歩目

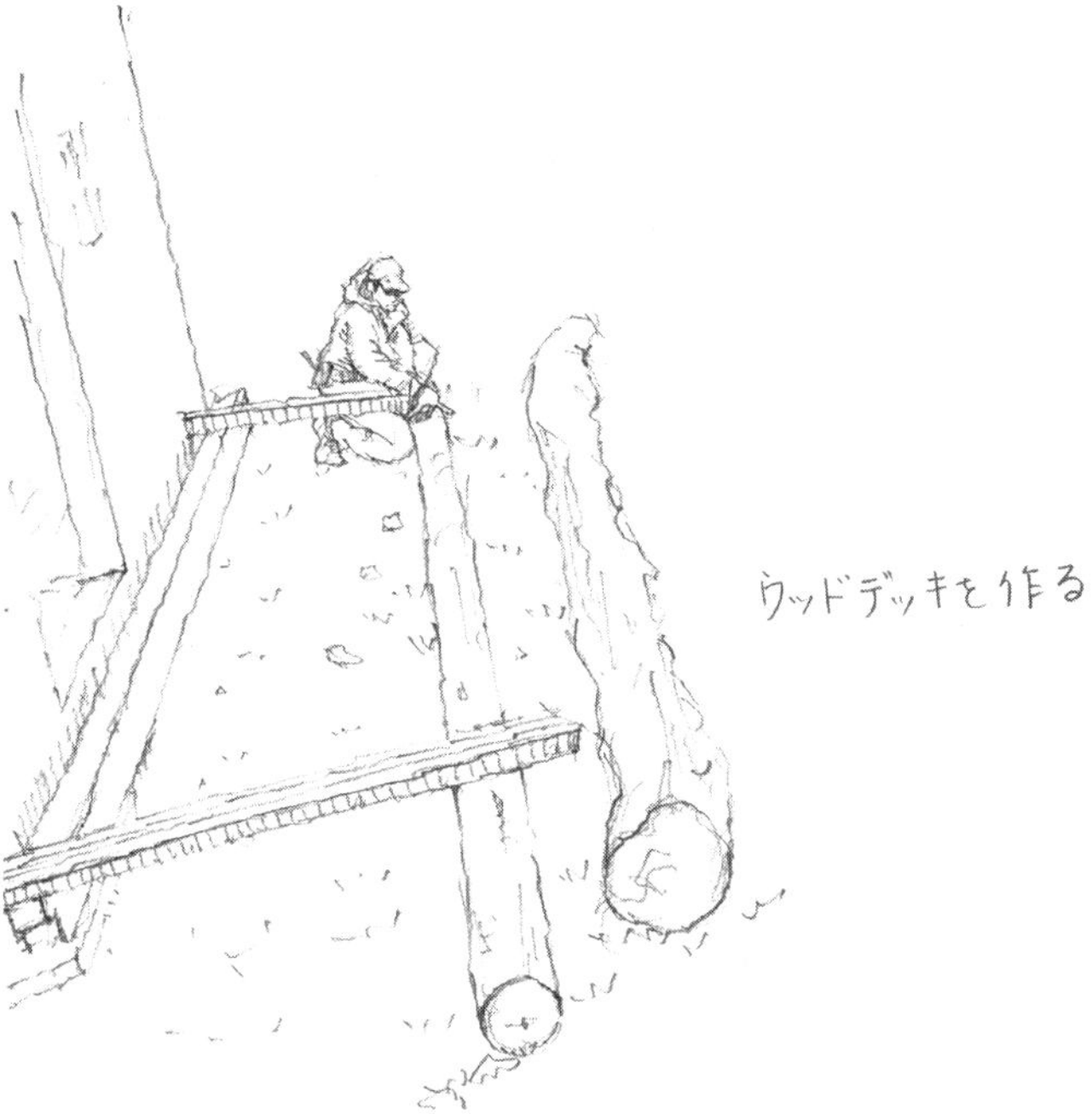

もともと玄関の横に屋根を張り出させて、軒下を広くすることで狭い小屋を広く見せようと思っていたこと(二二頁の写真参照)、入口の段差をなくしたいこと、小屋の主となる構造材として使うつもりで切り倒した庭の大木(七三頁参照)がまだ残っていること。

一見してバラバラだったこれらのことが結びつき、入口にデッキをつくるというアイデアが生まれた。

デッキの床をつくるために並べるのは、ここにあった小さな家の二階の床の根太《ねだ》材。太くて傷みが少なく、何本も揃っていたので取っておいたものだ。これもまた使われる場が再び回ってきた。

アイデアを出すためには、なにより引き出しが多くなくてはいけない。日頃から建築についての知識を深めておくことがとても大事なことだと思った。

ウッドデッキ完成！

12日目の3歩目

根太を並べて

しっかり固定

板を載せたら出来上がり

ながーく横たわったこの大木。とんでもない存在感を放っている。この材あってこそのウッドデッキのアイデアだ。

もへじさんという人は、一度役目を終えたものたちに新たな息吹を与えるのが非常にうまい。ひらめきを大事にするその姿勢は「大工」というよりもやっぱり「芸術家」というほうが近いだろう。

通りかかった富良野のガウディ・あきちゃんも、このデッキに、

「へぇ、すごいね！」

と興味津々。もへじさんも、

「ね、すごいでしょー」

となんだかとっても楽しそう。

あきちゃんがやっている自宅の改装は「仕事」ではなく趣味に近いし、もへじさんもこの小屋づくりを決して「仕事」と言わない。

とにかく、楽しむ。

少年たちの目はいつも輝いている。

暖かい一服

12日目の4歩目

もへじさんも満足気

どうですか、このくつろぎのワンショット。小上がりに腰かけ、据《す》えた草履《ぞうり》置きに足を乗せ、火の入った薪ストーブを前に一服。実は、土間を前にしたこの図こそが小屋一階の理念そのものだったりする。

日頃から大工仕事や農作業などをやっていると、いちいち靴を脱ぎ履きして家に上がることを面倒に思うことが多い。それを考えての土間、そして腰かけられる小上がりの縁《へり》だ。これで薪ストーブに火が点《とも》れば、僕たちの一服時間はもう冬の寒さも恐くない。

しかし、火が見えるとどうしてこう安心するのだろう。パチパチと爆《は》ぜる音が心地いい。切って出たそばから端材をストーブの燃料としてくべることができるから、処分の手間も省ける。

モノやエネルギーが循環していく様子がはっきりと見えた一日だった。

チベット仏教の砂曼荼羅から

チベット仏教では、僧侶たちが一週間かけて砂曼荼羅というものを描く儀式があるそうだ。ずっと昔から続けられてきたことだそうだけど、図面はない。色砂を飛ばさないようにマスクをつけた僧侶たちが、記憶を頼りに少しずつ描いていく。でも、こうして時間をかけて丁寧につくられた作品はお披露目のあと、あっという間に壊されてしまうという。

二〇代の頃にこのことを知った僕は、なぜそんなことをするのかと理解に苦しんだ。図面を残しておけばいつでも正確につくれるし、みんなで頑張ってつくったものをわざわざ壊すなんて信じられない――。

今回、小屋づくりをしながらふいにこのことを思い出して、今なら少しわかるような気がした。いや、もちろん実際の意図はわからないんだけど、僕なりの解釈はできるようになった。

それはつまり、完成品を残すということはそれほど重要なことではないということだ。むしろそれを壊すことで心に残るものもある。そもそも図面を描かないのは、変化してもいいからではないだろうか。心のなかに残っている前回の過程や完成品、そのときの自分の気持ちを思い返しながら、それを仲間とともにカタチにしていく。そしてそのときの体験が次回の儀式を導くのだ。

前の世代から自分や仲間が受け継ぎ、そして次の世代へと続いていくもの。それは「目に見えるモノ」ではなく、「目に見えない思い」。そういうかたちの永遠があるということなのではないだろうか。

もへじ

これまでにつくった小屋⑨　川邉もへじ

みんなでつくる小屋　その1

　小屋をつくりたいという友人は多い。そこで小屋づくりに興味のある人に集まってもらい、一緒にひとつの小屋を建てることにした。僕はみんなに道具の使い方や作業のやり方を教えて、みんなは僕に小屋づくりの改善すべき点を教えてくれた。

　都会で忙《せわ》しなく暮らしていると、「生活すること」と「遊ぶこと」はどうしても切り離されてしまいがちだけど、この二つを同時に満たすものもあるよね。たとえば料理やお風呂。それから小屋づくりもそう。これらは生活していくための時間でもあり、娯楽の時間でもある。

　だからもしかすると、小屋をつくりたい人が増えているということは、生活と遊びを同時に楽しみたいと考えている人が増えているということかもしれないね。

これまでにつくった小屋⑩　川邉もへじ

みんなでつくる小屋　その2

これまでにみんなで小屋をつくる機会は五回くらいあった。毎回メンバーは変わるものの、わりと女性が多かった。

それからこれもやってみて初めてわかったことなんだけど、僕には軽く感じられる材でも持ち上げられない人はいるんだよね。あとはイマイくんもそうだけど、高いところは性別を問わず苦手な人が多いし、年を取るほど体が思うように動かなくてなおさらこわい。

だけどそれぞれにやれることがあるから無理をしなくていい。得意なところからはじめたり、他の人に手伝ってもらったりしながらノウハウを身につけ、力や自信がついたら一人でやってみよう。

それに、みんなでやるからわかることもたくさんある。一人でできないということは、決して悪いことではないんだ。

13日目

2017年11月初旬

電気のことを考えるの巻

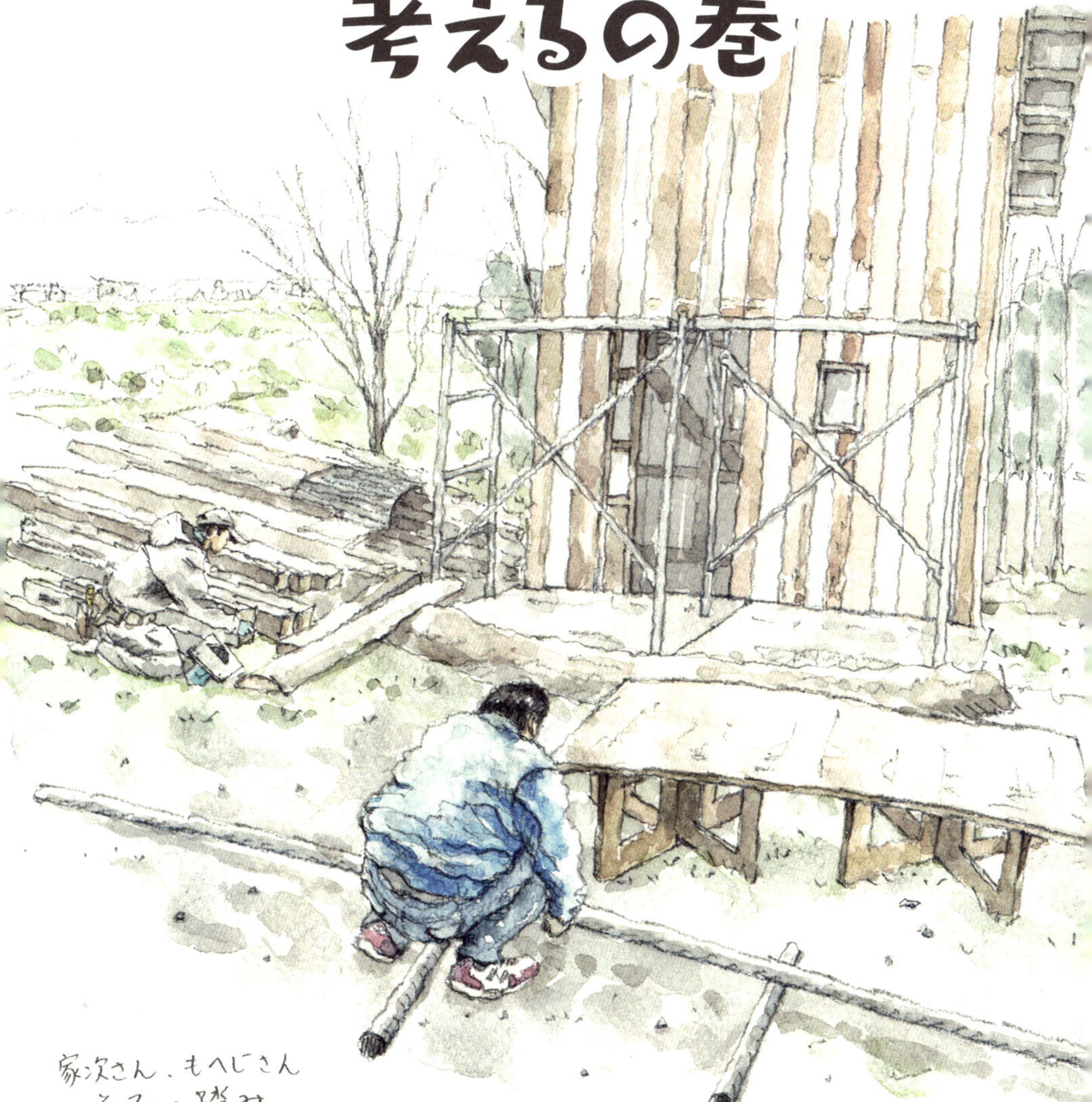

2階床づくり

13日目の1歩目

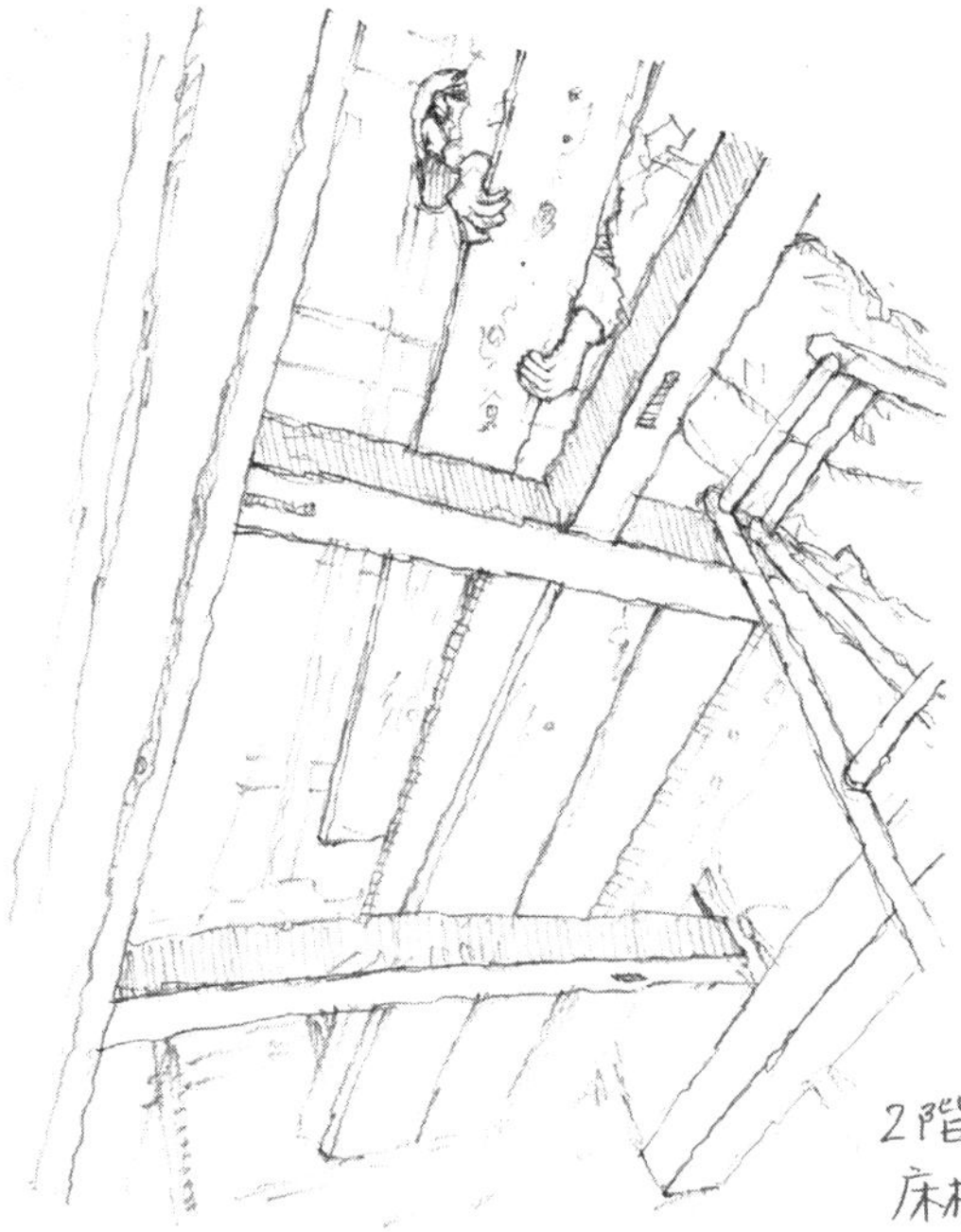

廃材小屋の屋根トタンは状態は良くてもやはり中古なわけで、トタン釘の穴がたくさん開いている。屋根に急な勾配を付けていても、もちろん少なからず雨漏りするし、雪が乗った状態なら穴から「すが漏り」もする。二階部分はその雨を受けて一階まで来ないよう防止する目的が主で、年中使える空間にするつもりではなかった。

それが、たぶんもへじさんに少し欲が出て、「ちゃんとした」二階にしたくなったのだろう。それで梁を下げて二階部分を広くし、床材も、分厚い立派なものを持ってきてくれた。いよいよ並べ敷いたら、ロフトとも、屋根裏の隠れ部屋とも言えるような素敵な空間になった。

床板材は、もへじさんがカンナがけしたものをイマイが必死に紙やすりでツルツルに仕上げた。十分寝泊まりできる二階空間が見えてきた。

電気もやっぱりエコがいい

13日目の2歩目

この小屋づくりの局面が、まったく新しいステージへと移行することになった。

「小屋の壁が張られたら、声をかけてください」

そう言われていて、ついにそのときがきたのだ。この小屋づくりの重要な第三の矢、エコロジー設備会社「三素《さんそ》」社長の家次《いえつぐ》敬介さん登場。家次さんは、川の水を利用した水車で小水力発電システムを実践したり、木質ペレットストーブや微生物を使ったエコトイレの普及にも力を入れている。

この小屋も電力会社の送電網を使わない「オフグリッド」にしたい。水も水道管を延ばせばいくらでも引けるがあえて通さない。公共のインフラからは独立させておきたいからだ。

さて、作業が始まった。この小屋にどんな電気システムが付くのだろうか。楽しみでワクワクする。

太陽光パネルがやって来た！

13日目の3歩目

太陽光パネル入場！

太陽光パネル到着！　盛り上がらずにはいられない。これが二枚、玄関上部に取り付けられるのだ。お誂《あつら》え向きに、壁面がちょうどパネル二枚が並ぶサイズになっていたというんだから、よくできた話だ。

家次さんもへじさん同様、実際の現場を見てから作業にあたる。予め用意した設計図はない。どういう風に付けるのが光をパネルに取り込むのに最も効率的かを考える。

「だいたい、どんな小屋になるんだか、話を聞いただけではちっとも想像つかなかったからね」

ごもっとも。つくっている僕らだってまったくわからないもんで。

まずは家次さんとへじさんがパネルの位置の相談。玄関のつくり次第でパネルの設置位置も変わるのだ。

話し合いが終わり、家次さんの目が光った。そしておもむろに鉄骨を切り始めた。

パネルの位置を決める

13日目の4歩目

今日はこの廃材小屋物語の著者三人が初めて一緒に作業に入った記念すべき日。華々しく太陽光パネルもやってきて、急に賑わいを増した。

もへじさんは着々と二階部分をつくり、その合間にパネルの様子を見にくる。家次さんが足場をつくってそこへ上り、

「だいたいこんな位置ですか」

とパネルを掲《かか》げてみせてくれた。それだけで小屋の顔がこれまでとはまったく違って見えることに驚いて、もへじさんもイマイも、しばし見とれてしまった。廃材の「味」が際立つ小屋に、現代的な太陽光発電システムのスパイスが混ざる。実際に設置されたらどんな顔になるのだろう。

これまでは主に二人で小屋づくりを進めてきたが、ここにきて家次さんが加わる。果たしてこの三人の間でどんな新たな化学反応が起こるのだろうか。

あれれ、今日何したっけ？

作業を終えて、一日を振り返ろうとすると、「今日何やったんだっけ？」と思うことがよくある。心地よく作業ができた日というのはこんなものだ。

つくる楽しさを初めて知ったときのことや道具の素晴らしさに感動したときのこと、出会った人たちや影響を受けた出来事……そんなことを思い返したり、出来上がったときのいろんな人たちの反応を想像したりしていると、体が勝手に動きだす。楽な気持ちで作業が進む。「つくる」というよりも、「つくらされている」という感覚だ。

こういうとき、僕は本当の意味で息を吸えていると思う。自然な自分でいられる大切な時間だ。

もへじ

自然エネルギーをはじめてみよう！

こんにちは。富良野市で環境にやさしい設備の設置を行う「有限会社三素」の家次敬介です。イマイさんから依頼を受けて、小屋づくりをお手伝いさせていただくことになりました。

私は「自然エネルギーやエコロジーを一般の家庭に手軽に取り入れていただくためのお手伝いをしたい！」という気持ちからこの会社を始めました。関連機器の販売だけでなく、設計施工やメンテナンス、ＤＩＹをされる方へのアドバイスも精力的に行っています。

今回イマイさんには「オフグリッド」システムと「ウッドファイバー」を提案しました。本書ではほかのおすすめの設備についても紹介するので、参考にしてみてくださいね。

家次

オフグリッドをはじめよう①　家次敬介

オフグリッドとは？

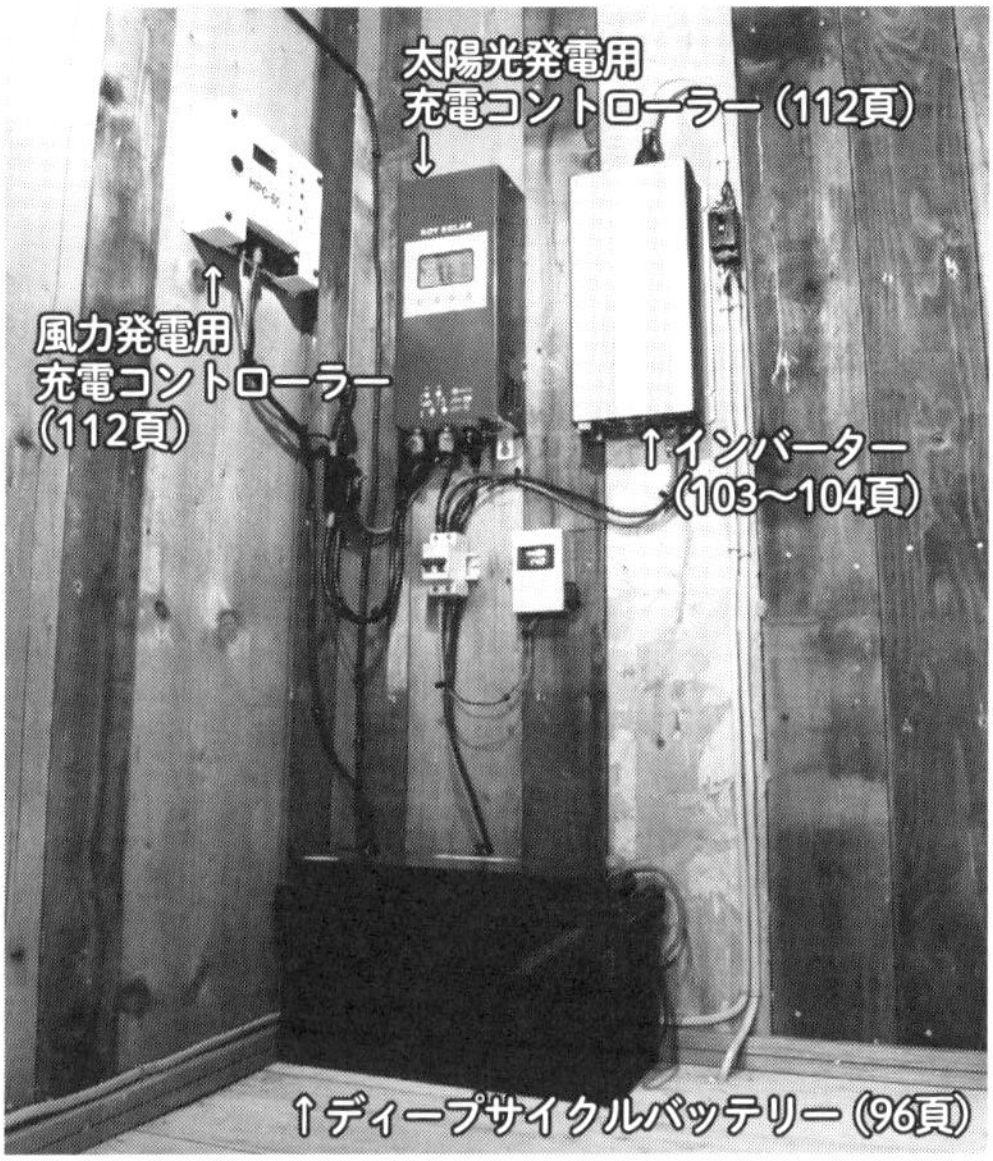

「グリッド」とは送電線のことで、これにつないでいない状態を「オフグリッド」といいます。

東日本大震災以降このようなカッコいい呼び方が一般化して脚光を浴びていますが、要は公共インフラが整う以前からあるような発電システムのことです。水や風の力を利用して起こした電気をバッテリーに貯める装置は、電力の創世期からあり、現在も送電線が届かない山奥や海上などで使用されています。

ちなみに震災以前は、グリッドにつなぐのは「系統連系」、オフグリッドは「独立系」という呼び方が一般的でした。

もちろん、イマイさんの小屋もオフグリッドです。太陽電池と小型風力発電機を組み合わせたハイブリットシステムで電力をまかなっています。

オフグリッドをはじめよう②　家次敬介

ディープサイクルバッテリー

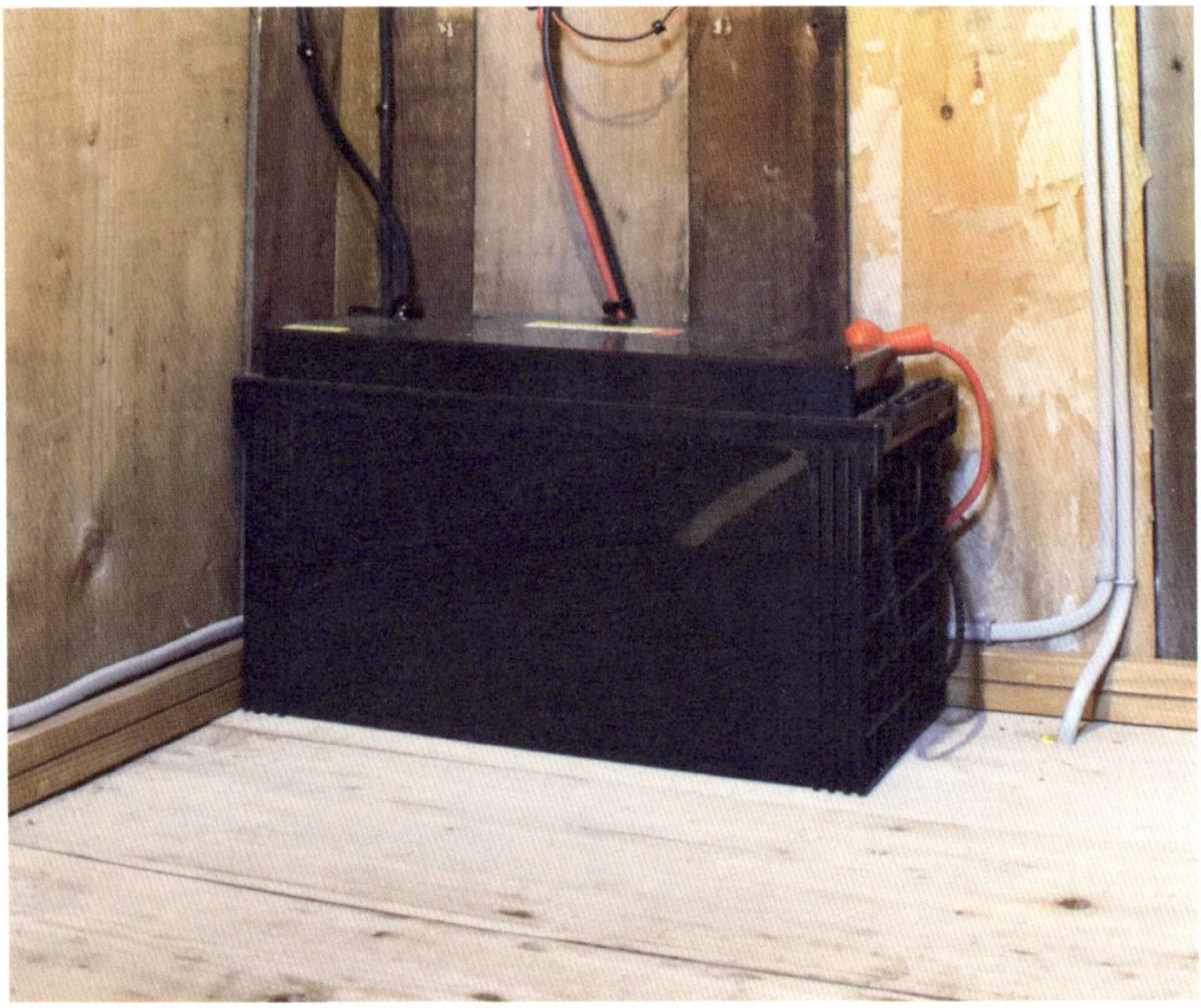

オフグリッドの導入に必要なものの一つが「バッテリー」です。

近年、一般的には「リチウム系バッテリー」が主流なのですが、今回は「ディスカバリー社」製の「ディープサイクルバッテリー」(一二ボルト、一二〇アンペアアワー〔二〇時間率〕の鉛蓄電池)という製品を採用しました。

これはゴルフ場のカートにも使用されている汎用品です。見た目がよく似ている自動車用バッテリーは満充電での使用を前提としているため、電気を使い切ってしまうと壊れてしまいますが、こちらはそうしたヘビーな使用にも耐えられる特殊な構造を持っています。また、この安定した性能に加え、コストパフォーマンスが高いことも魅力的な点です。うちでは人気の製品の一つなんですよ。

14日目

2017年11月初旬

太陽光パネルを取り付けるの巻

太陽光パネルの取り付け

家の思い出

14日目の1歩目

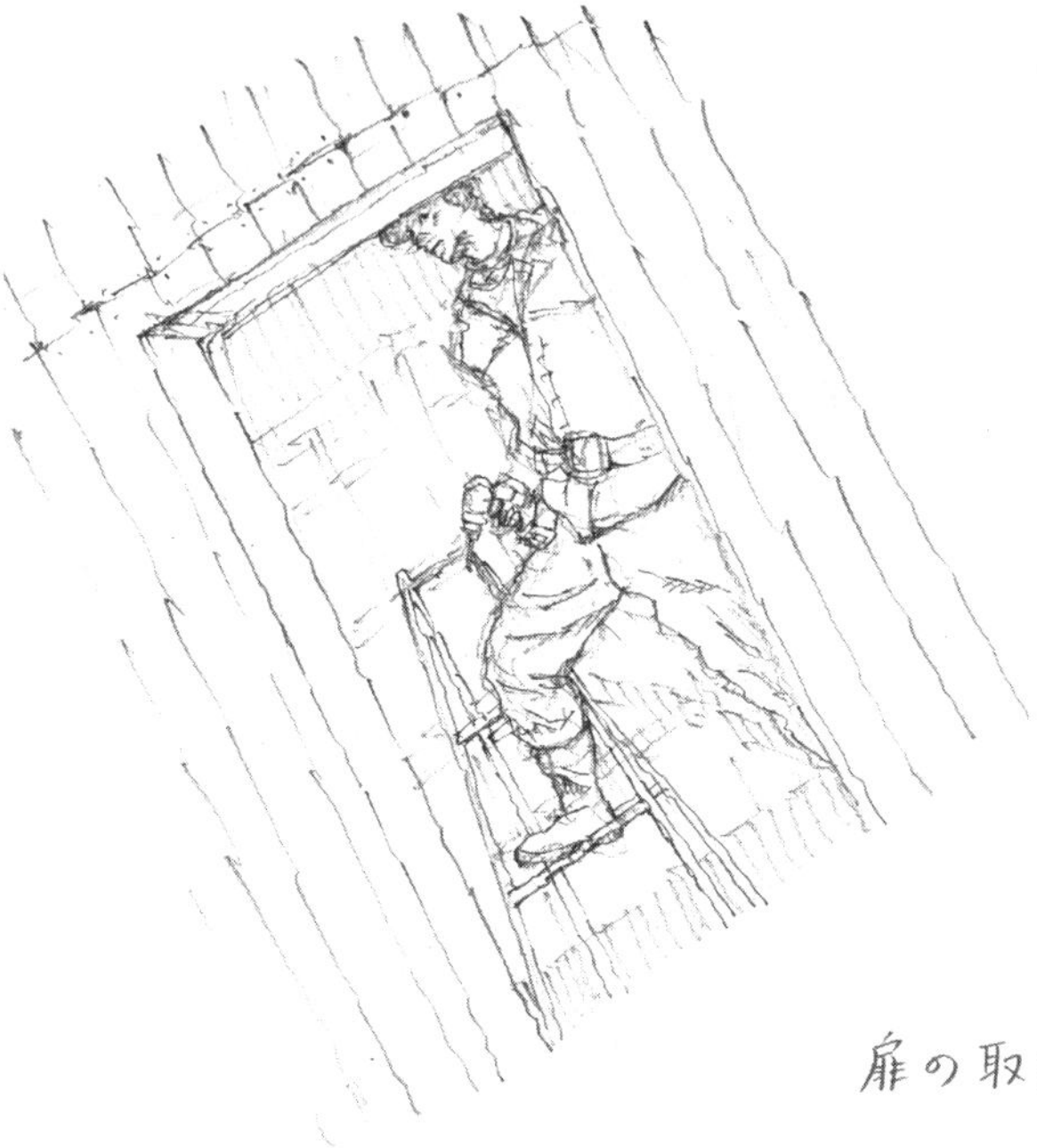

扉の取り付け

移住したばかりの頃、この土地の前の持ち主にお会いした。納屋に押し込められたままだった廃品などをご厚意で片付けにきてくれたのだ。その後、その方のご兄弟もウチに寄り、この土地で過ごした子供の頃のことやここに建っていた小さな家でのこと、厳しかったお父さんの思い出などを話してくれた。

居間の柱には背比べの印もまだちゃんと残っていて、暮らした人の思いを感じることができる。だからこそ、ここに建っていた小さな家をただ壊すだけで済ませたくなかった。僕は本州からの移住者で、開拓者の労苦も知らない。でも、富良野開拓からまだ一二〇年、そんなに昔の話ではない。先人が歯を食いしばって築いた家の思い出を少しでも残したい。

今日、その家の扉を小屋の玄関に取り付けることができた。僕はそれがなんとも言えず、嬉しい。

入口扉を取り付ける

14日目の2歩目

入念に切込みを入れ、何度も立て付けを確認してようやく、「カラカラ」と軽い音を立てて扉がレールを滑るようになった。多様な壁板が織りなす縞模様の外壁に、違和感なく溶け込むこの古い引き戸。こうもしっくりマッチすることに不思議な引力を感じる。

玄関は家の顔。扉が閉まれば空間が仕切られる。冬が近づく一一月初旬、いつでもお客さんをこの小屋に招いて休んでもらえる形になった。

僕がもへじさんと知り合ったのは一二年前。「木工作家の川邉さん」と紹介された記憶がある。それ以来、僕はもへじさんを大工さんというより、木工作家と思ってきた。

扉を再び眺めてみる。こういう細かな造作には作家性がよく表れる気がする。アイデア豊富で作業は念入りのもへじさん。

扉の喜ぶ声が聞こえる。

太陽光パネルを取り付ける

14日目の3歩目

満を持して太陽光パネルの取り付け作業が始まった。まず、小屋の壁面上段に鉄の単管を取り付ける。この単管はホームセンターでも容易に購入できるもの。廃材を利用したエコな小屋というコンセプトを尊重し、家次さんもできるだけ簡易な材料で作業することを心掛けてくれている。

　パネルの裏側には、壁面の単管に引っ掛けて固定する金具を上部に、下部にはパネルの幅と同じ長さに切った単管を金具で付けた。それを持って足場を上り、

「ガシャッ！」

という音とともにパネル設置。がっちり単管に金具が嵌まった。

　パネル下部の鉄骨部分は、ひとまず金具で固定しておく。これで強風が吹いてもパネルが外れて落ちる心配はない。

　日暮れが早い。パネルが付く頃にはすっかり日も落ちてしまった。

太陽の高さに合わせて動かしたい

14日目の4歩目

この小屋の太陽光パネルの「ミソ」は可動式であるところ。「夏は太陽の位置が高く、冬は低い」という点から、夏は光がより効率的に当たるよう角度を上げ、冬は下げる。また、パネルそのものが小屋にとっての玄関の軒の役割も兼ねる。一石二鳥というわけだ。さて、それをどうやって動くようにするか、家次さんのアイデアを待つ。

　太陽光パネルは壁に張る二枚合わせて約一〇万円とのこと。パネルが創った電力を蓄えるバッテリー、蓄えられた直流電力を家庭用電力に変換するインバーターなどの装置に加え、設置や配線の工賃・諸経費を全部合わせて見積もりはおよそ五〇万円ということになった。

　設備費がかかるのは元より承知の上。太陽の力で家に灯りが点《とも》るのが、今から楽しみでならない。

14日目の作業日誌

価値ってなんだろう？

仕事でお客さんの家に行ったとき、そこに一脚の椅子が置いてあった。その人は大工ではないんだけど、自分でつくったそうだ。見た目は決して立派ではない椅子。でもその人はこの椅子をとても大事にしていた。

　価値というのは最初から決まっているわけじゃなくて、人それぞれということだよね。また逆に、価値は自分次第でいくらでも高められるものだとも言える。たとえば材との出合いを解体現場に求めることも、材の価値を高めるひとつの方法じゃないかな。それだけできっと、ホームセンターで大量生産品を買うよりは特別なものになる可能性が高い。それに不揃いな材だからこそ、使いたいところにピタッときたとき、運命を感じさせてくれる。

もへじ

取り付け前が肝心！

太陽光パネルの取り付けには、とても気を使います。

　方角や仰角を合わせるのは当然ですが、降雪や雪の反射などといった地域性に合わせることも必要となります。

　また、電線や電柱の影がほんの少しかかるだけでも発電量が低下してしまうため、太陽の動きを予測し、ちょっとした庇《ひさし》やまわりの木や建物に気を遣いながら場所を決めなければなりません。

　場所が決まったら、強風でも飛ばないようにしっかり固定します。今回のようにパネルを可動式にするとよじれやすくなるので、取り付け強度が落ちないよう、架台を特に頑丈につくらなければなりません。

家次

オフグリッドをはじめよう③　家次敬介

インバーターとは？

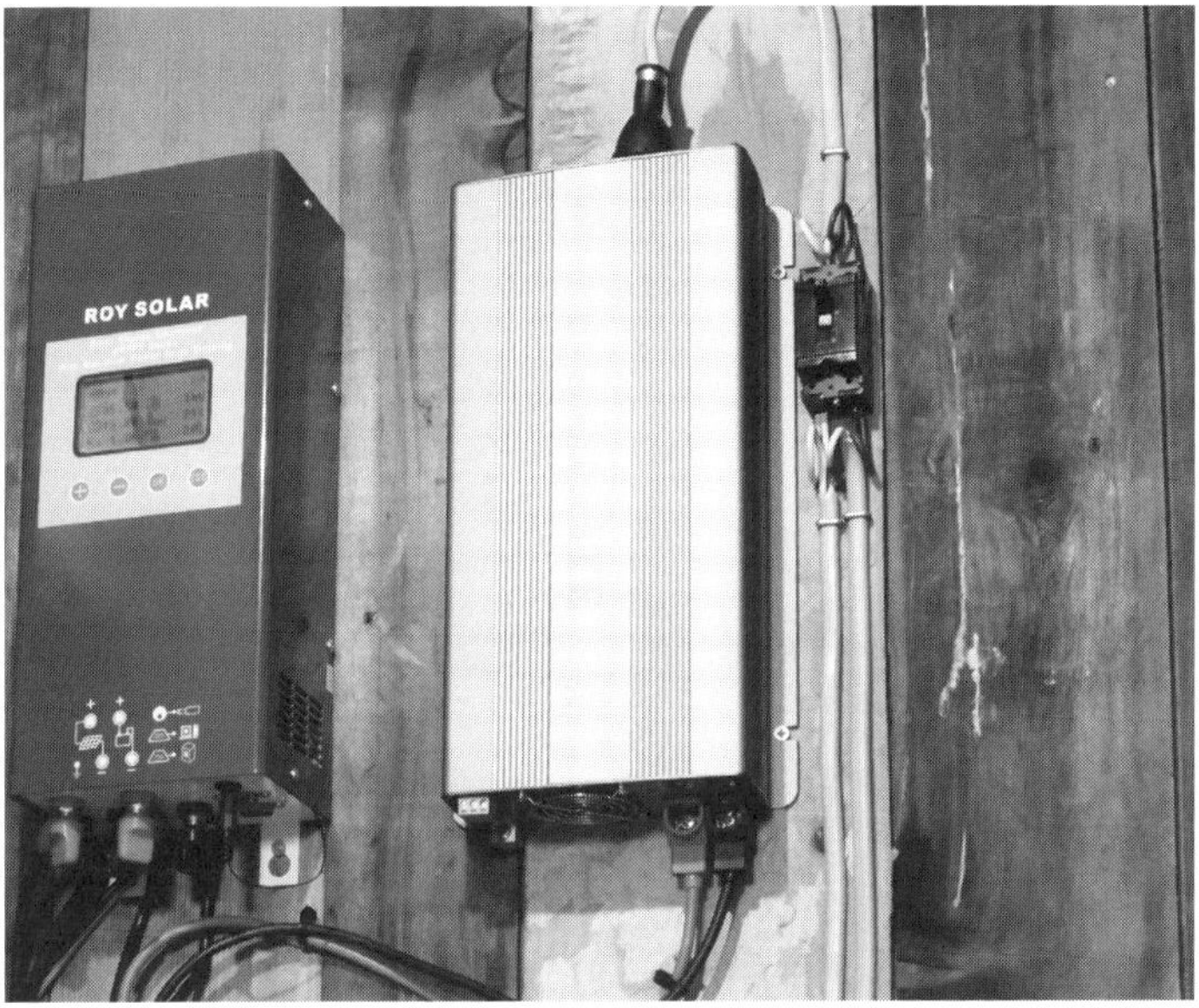

電気には「直流」と「交流」の区別があります。太陽電池や小型の風力発電機は直流（DC）で発電しますが、一般の電化製品は交流（AC）で電気を使用するので、直接つなぐことはできません。直流の電気を交流に変換する必要があるのです。

そこでこの変換を行ってくれるのが「DC-ACインバーター」です。今回は、高出力七〇〇ワットの「未来舎」製サイン波インバーター「FI-S703A」を採用し、直流で流れてきた一二ボルトの電気を交流の一〇〇ボルトの電気として使うことができるようにしています。

ちなみに、公共の電力の波形と比べ、インバーターを使って自分でつくった電力の波形にはノイズがほとんどないため、音がキレイに聞こえると音楽関係の方から好評です。

オフグリッドをはじめよう④　家次敬介

インバーターの選び方

他の製品との組み合わせ方は予算や用途次第

インバーターは、どのような電化製品を使いたいのかを考えて選びます。

たとえば、扇風機や掃除機、電動工具など、モーターを使う製品は始動時に大きな電力が必要になるため、インバーターも出力に余裕を持って選ばなければなりません。また、インバーター自体も電力を消費することも頭に入れておきましょう。

さらに、ヒーターなど電気を熱に変える製品は、バッテリーから電力を取り出す能力にそれぞれ特徴があるため、これにも考慮が必要です。最近少なくなりましたが、「サイン波（正弦波）」より比較的安価なタイプの「疑似サイン波」は交流波のカーブが歪《いびつ》であるため、使えない製品があります。以前、この疑似サイン波のインバーターで扇風機を動かそうとしたせいで扇風機が壊れたことがあります。

15日目

2017年11月中旬

内壁を張るの巻

小屋内の壁板張り

15日目の1歩目

外壁に続いて室内の壁も張っていく。もへじさんが自宅工房から幅広の古い壁板を持ってきてくれた。

昔の家ではすき間風が入らないように壁板に新聞やチラシを貼っていたそうで、どの板材も新聞だらけ。でもそれがまた、目を引く面白い記事ばかりでとてもいい。たとえば、南富良野町がまだ「南富良野村」だった時代の広告には当時の農協の電話番号が載っていた。なんとひとケタの「五」番である。時代を偲《しの》ぶことのできる壁だ。

「さすがにこんな板材を他で使うのは難しくてさ。でも、この小屋なら合うね。気に入ってくれるのもイマイ君くらいなもんだよ」

そう言われると、こちらも嬉しい。イマイはもともと骨とう品が大好き。この建物自体がいわば骨とうの小屋。中に入った人が壁板に注目してくれる日が待ち遠しい。

建具づくりに燃える！

15日目の2歩目

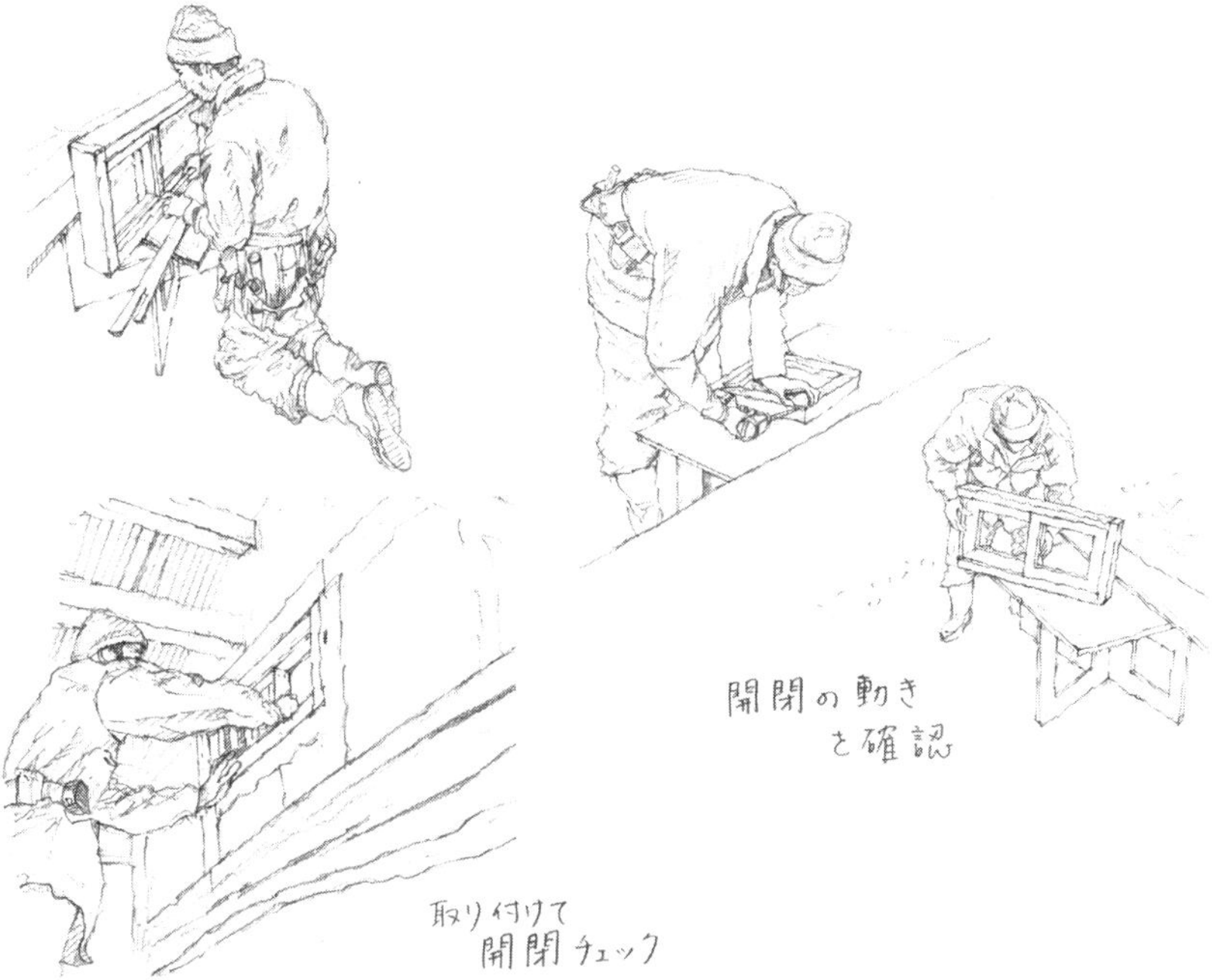

もへじさんに指示をもらってイマイは壁板張りに夢中。その間もへじさんも窓建具《たてぐ》づくりに没頭。材を寸法に切り、電動サンダーで表面をツルツルに磨く。それを組んでビス止めし、枠が完成したら、窓も同様に制作。窓ができたら枠にはめ、「カコッ、カコッ」とスムーズに開閉できればオッケー。新品のような窓建具、お見事。それを二階の窓枠に当ててはめれば、かわいい窓の出来上がりだ。

なにしろ、楽しそうにつくるのが見ていても気持ちいい。もへじさんにとって小屋は大きな工作なのだ。

翌日あきちゃんが建具を見て、

「これ、難しいんだよね。オレはこういうのうまくつくれないんだ」

と言っていた。あきちゃんもだいぶ器用であることを考えると、それをサラサラッとつくるもへじさんは、ホントにすごい実力者なのかも知れない。

太陽光パネルの可動確認

15日目の3歩目

寒風吹きすさぶ一一月中旬。みなさんの服も厚くなり、もうニット帽をかぶる頃合い。それでもみんな制作意欲は旺盛《おうせい》で、それぞれのパートでの進捗《しんちょく》が著《いちじる》しい。小屋の造作が建具づくりに入っているのは終盤にさしかかってきた証拠で、作業は仕上げに向かってさらに細かくなっていく。

家次さんはパネル可動システムの答えをひとつ携《たずさ》えて試行。下部は壁に単管を据え付け、それと垂直に単管をジョイント。なるほど角度が付いた。

ただ、これでは角度を下げたときに単管が飛び出てしまう。

「うーん……」

と、また頭を悩ませる家次さん。

薄暗くなってきたので、家から引っ張ってきたコードリールに投光器をつなぐ。小屋内から漏れる黄色い灯りが温かく映える。

僕の宿題

15日目の4歩目

ひたすら壁板を張るイマイ

モフモフのウッドファイバー

上からビニール

これまでこの小屋づくりの共同作業日記を連続した日々のように書いてきたが、もへじさんも家次さんも多忙のため、実際にはおおよそ月に一回のペースで来てもらって作業してきた。

そして二人が次に来るまでの間に、施主《せしゅ》のイマイは「宿題」をこなしてきた。躯体の釘打ちやビス止め、壁板張りに壁下地の胴縁《どうぶち》打ち、断熱材入れなどの細々した単純作業だ。

上の写真は、家次さんが普及を進める次世代エコ断熱材「ウッドファイバー」。ガラスが原料の一般的な断熱材「グラスウール」と違い、チクチクしない。北海道産針葉樹の間伐材《かんばつざい》などを原料とした木質繊維からつくられていて、環境にやさしい。

「極力土に還る」という僕たちのコンセプトに合致《がっち》したエコ素材。やや香ばしい香りを嗅ぎながら、暗くなってもコツコツ宿題を進めていく。

廃材との出会い

「お金はないけどものをつくりたい。どうしたらいいだろう」と考えていた一二年前のこと。建築現場のゴミ置き場が目についた。「これ、捨てるんだったらいただけますか？」――それが僕の今のやり方のはじまりだった。人が捨てた物や捨てたいのに捨てられなくて困っている物をとにかく集めた。そうするなかで、物が捨てられる背景にはさまざまな事情があることを知った。

　だから僕にとって廃材はもともと新しい材の代用品でしかなかったんだけど、今では新しい材にはない魅力を感じている。廃材の持っている物語が僕を創作へと駆り立ててくれるし、なにより忙しない社会にはうまく馴染めない僕にとって、廃材は他人とは思えない存在なんだよね。

もへじ

太陽光パネルの扱いに注意！

高出力の太陽光パネルは大きくて重く、非常に持ちづらいです。アルミのフレームには鋭利な部分もあるため、特に高い場所で作業するときは風に煽られてバランスを失わないよう気をつけなければなりません。

　また、太陽光を受ける面には強化ガラスが使用されていますが、だからといって割れないわけではありません。鋭利な物に強くぶつかれば割れてしまいますし、積雪荷重もパネルによって許容範囲が決まっています。あまり知られていませんが、パネルの裏側はさらに弱く壊れやすいです。パネルを扱う際には細心の注意を払ってください。

　なお、太陽光パネルに限らず、本書で紹介する設備の施工やメンテナンスの際には危険が伴いますので、専門業者に依頼するのがおすすめです。

家次

おすすめのエコ設備①　家次敬介

断熱材ウッドファイバー

イマイさんの小屋の断熱材に使っているのは、「ウッドファイバー㈱」製の木質のウッドファイバーです。

主原料は、北海道産材のカラマツです。環境保護の先進地ドイツから導入した技術を用いて北海道苫小牧市で生産されています。木でできているので廃棄するときは簡単に土に還ります。また、従来品と違って繊維が体内外に残留する可能性が低く、仮に残留しても身体にやさしい物質なので安心です。

もちろん、肝心の性能も素晴らしいもの。暖房設備が薪ストーブのみのイマイさんの小屋も暖かく包み込んでくれます。

地球にも人にもやさしい、このウッドファイバー。地元の産業の応援や輸送エネルギーの浪費防止にもなるので積極的に提案しています。

オフグリッドをはじめよう⑤　家次敬介

充電コントローラー

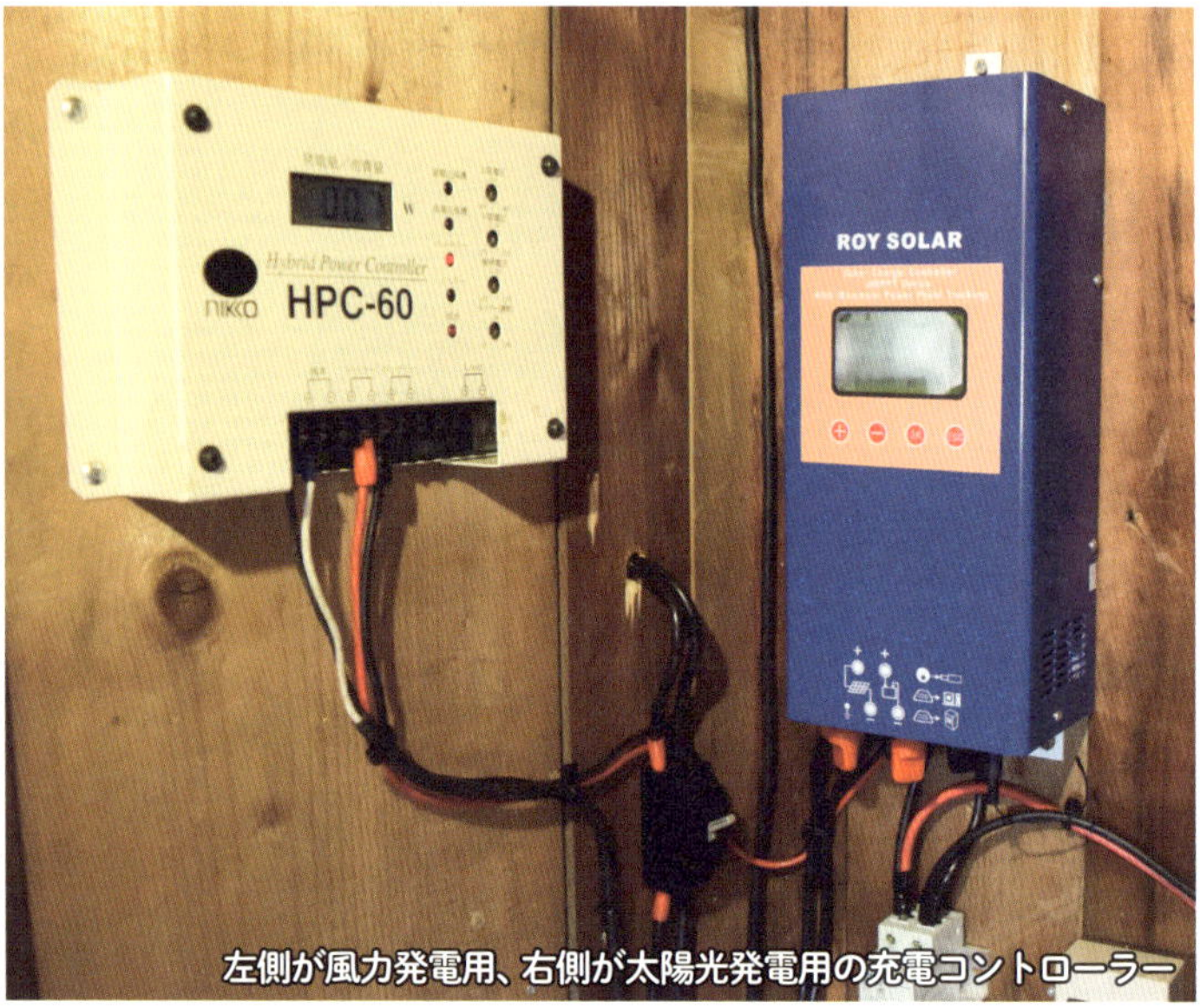

左側が風力発電用、右側が太陽光発電用の充電コントローラー

デリケートなバッテリーを長持ちさせるために必要なのが「充電コントローラー」です。バッテリーは個々の製品に特性がありますが、ＭＰＰＴ（Maximum Power Point Tracker）という充電コントローラーを使えば、発電した電圧を充電に適した電圧へと効率的に調整することができます。これは、「最大電力点追従式」という機能によるものです。これで量産型の産業用太陽光パネルとの組み合わせが可能になります。

ＭＰＰＴは、従来のＰＷＭ（一定電圧制御）と比べてパネルが発電した電気を効率良くバッテリーに充電できるものの、大変高価な製品でした。しかし最近では中国製の低価格の製品が国内でも購入可能になったため、このような組み合わせが実現しました。

16日目

2017年11月下旬

けがをするの巻

小屋内の壁板張り

16日目の1歩目

もへじさんが下げ振りを垂らしている。イマイが張った土間上部の壁がまたもや斜めになっているとのことで、やり直している図だ。何度も何度もかたじけない。絵描き業の身上、垂直や平行を目で確かめるようにはしているつもりなんですが……。

もへじさんが供給してくれた壁板材の数が足りなくなってきたから、内壁にも外壁と同じ解体納屋の壁板を使うようにしたところ、小屋内部にも穏やかな縞《しま》模様が形成されてきた。

毎回宿題を残してもらうイマイ。実はひとりでちまちまと作業をするのは得意だ。暗くなっても照明を付けて、いつも「キリのいいところまで」と決めてどんどん進めてきた。

この共同作業一六日目の数日後、無事室内もすべての壁が板で覆われ、内側からも骨組みはとうとう見えなくなってしまった。

土間下部のすき間をふさぐ

16日目の2歩目

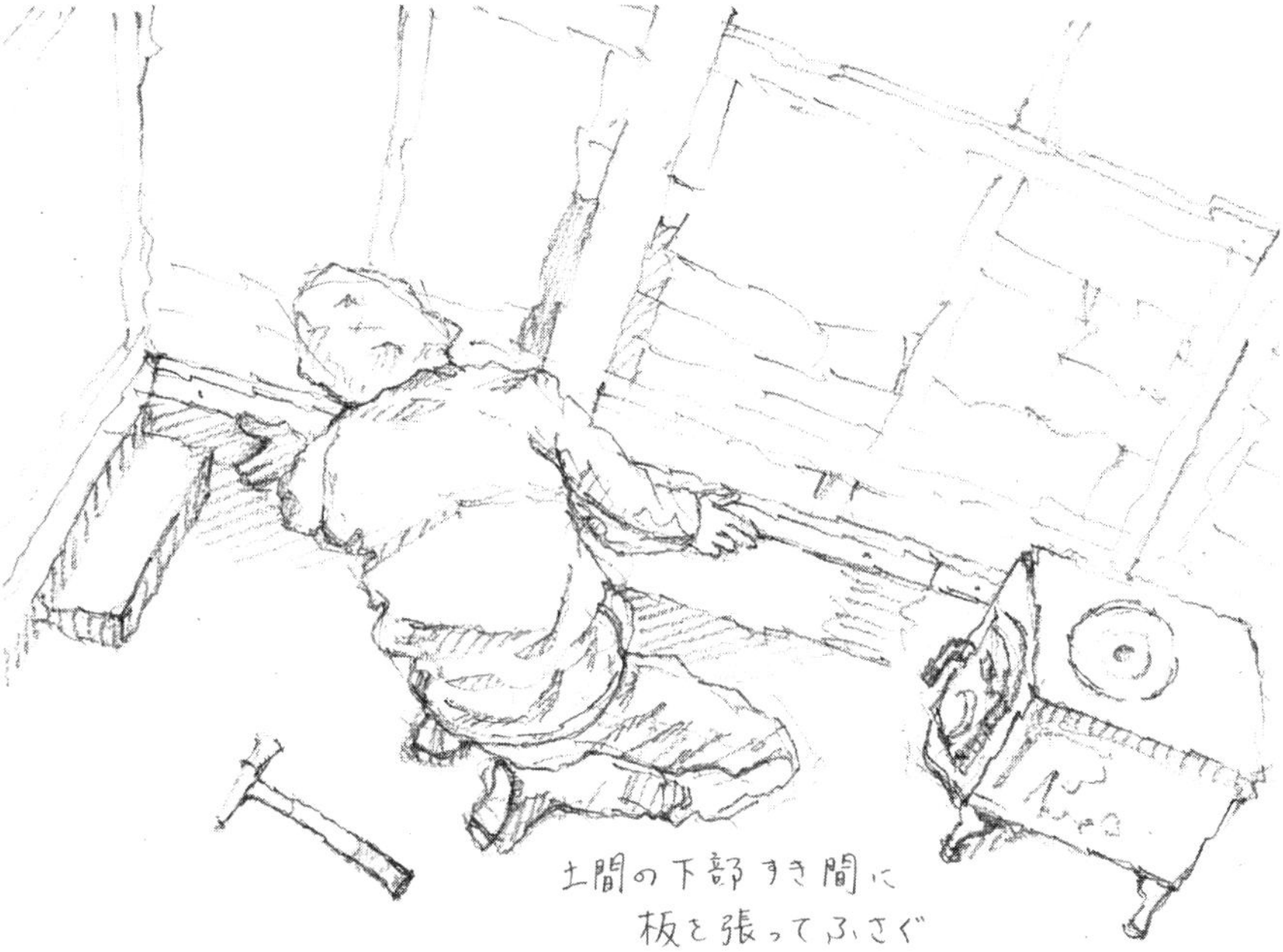

土間の下部すき間に
板を張ってふさぐ

薪ストーブが活躍してくれているものの、土間の下部、基礎と土台の間は空いたままだったので、板をぐるりと張り、土をかぶせてふさいだ。

これで、小屋内のすき間というすき間がすべて埋まり、薪ストーブの熱とウッドファイバーの断熱効果をより強く実感できるようになった。火を入れてちょっと経てば、厚着をして作業をしている手のひらや額が汗ばんでくるくらいだ。まさに小屋の設備が機能している証拠であり、幸せを感じる。

建物が小さいことの利点のひとつは、熱源が少なくても温まりやすいこと。広く大きな家は全体を温めるのにエネルギーがかかり過ぎて不経済だ。

無駄なく暮らすために人はどれだけの広さがあったら満足できるのだろう。もしかしたら、六畳でも十分事足りるんじゃないだろうか。

太陽光パネルの2枚目設置

16日目の3歩目

富良野はいよいよ初冬、雪が積もる季節になってしまった。みなさん寒いなかの作業、本当に感謝です。

家次さんが二枚目の太陽光パネルの設置に来てくれた。もへじさんも手を貸して、二人で足場の上へ。そして単管にガシャン。

その数日後、さらに雪も深くなるなか、家次さんが来てくれ、可動式太陽光パネルの答えを出してくれた。

パネル下部に付けたV字型の直管。「V」の付け根部分のねじを緩めれば、「V」の直管が自由にスライドする。それでパネルの角度が変わるので、夏に太陽が高くなったとき、冬の低いときと季節によって光を受ける効率を上げられる（一一九頁の写真参照）。

みんなが知恵を絞ったアイデアを試してくれるこの小屋は、まさに発想の宝箱だ。

はしごから落ちる、左手親指にヒビ

16日目の4歩目

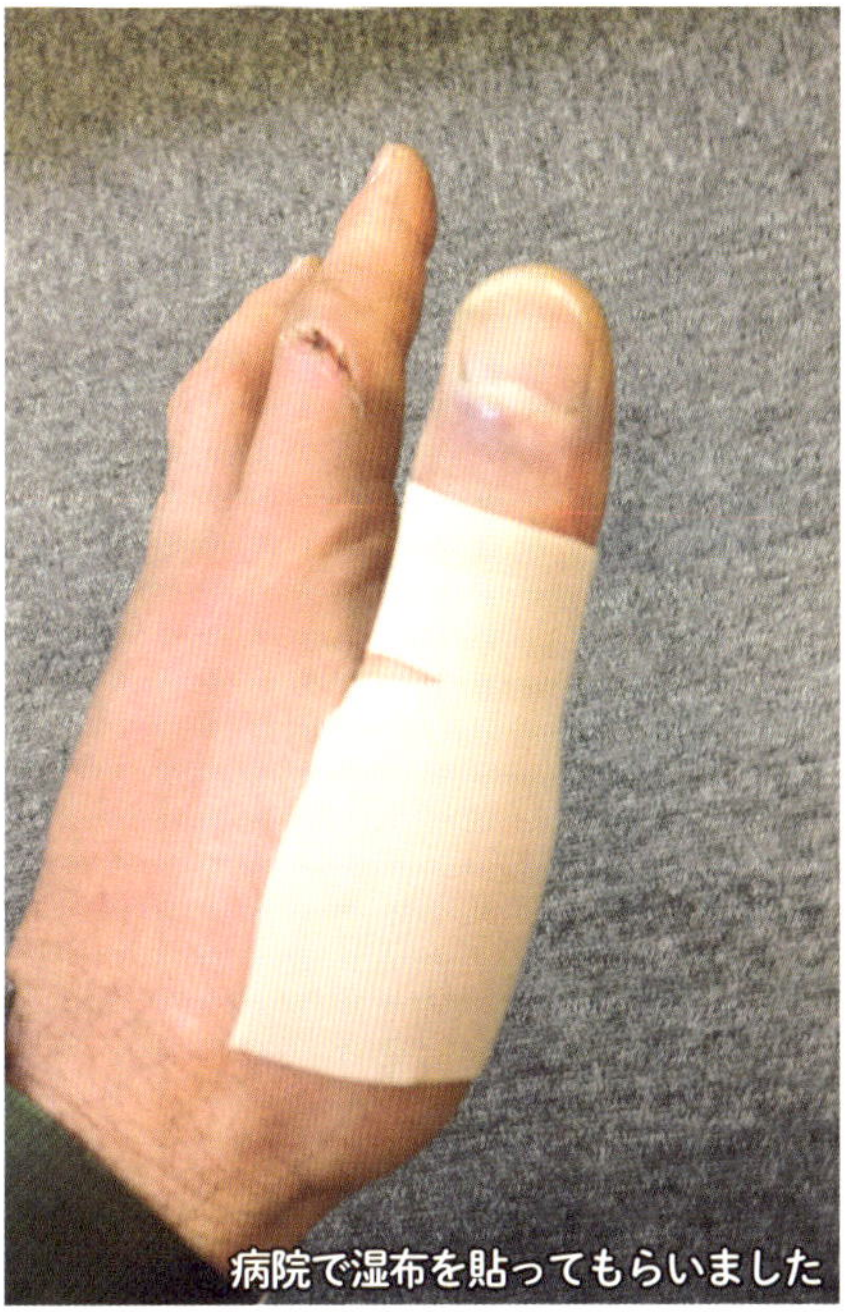
病院で湿布を貼ってもらいました

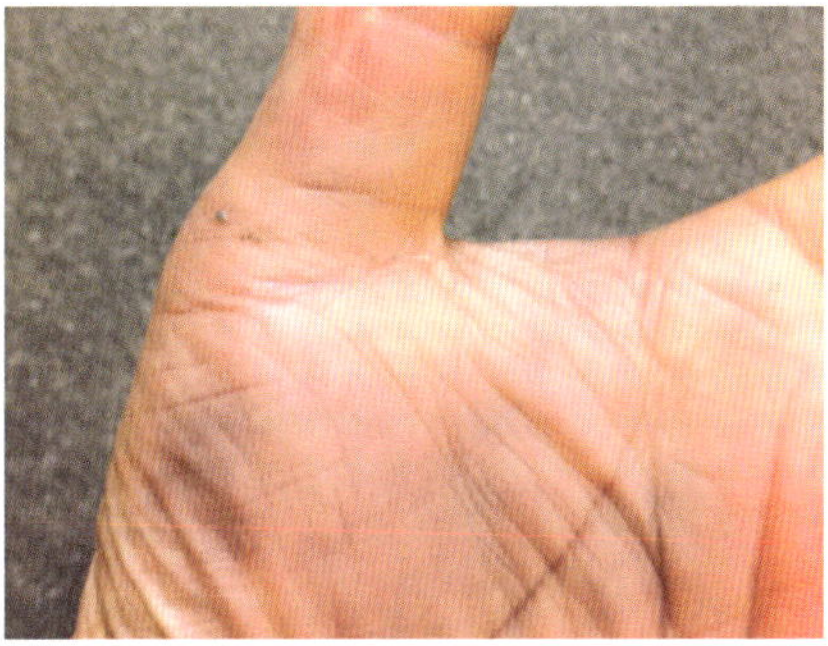

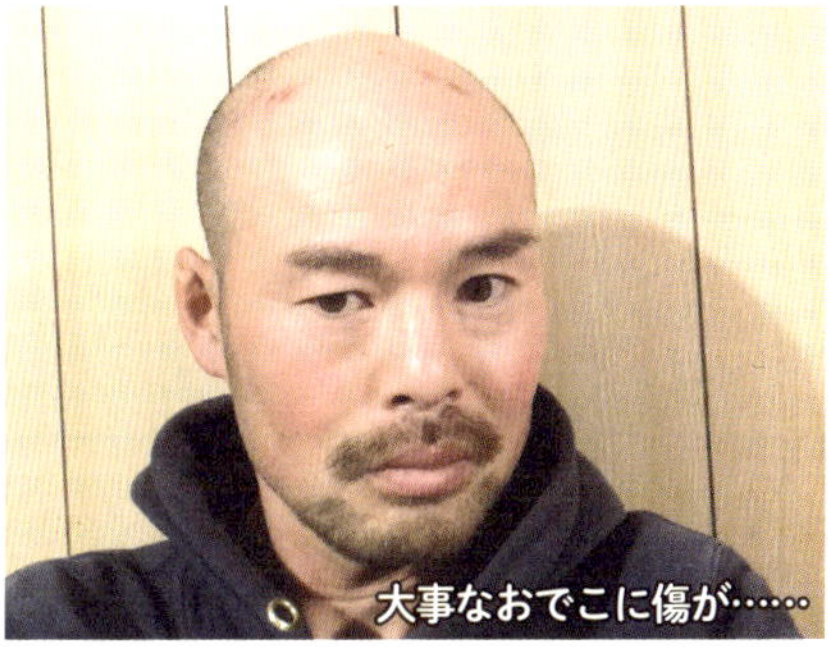
大事なおでこに傷が……

いつかはこんなこともあるんじゃないかと心のどこかで思っていた。

夕方六時前、外はもう暗く、投光器を付けてひとりで小屋内の壁張りをしていた。

はしごの一番上に上り、土間の一番高い所に壁板を当てていたら、ぐらり、とはしごが倒れ、一瞬で頭から土間に落ちた。とっさにどこかにしがみつこうと粘ったので直に地面に叩きつけられずに済んだものの、動けずにしばらくうずくまった。

息が荒くなる。いろんな部分を動かしてみて、右肩と左手親指に鈍痛を覚えた。額にも傷ができたようだ。

「もうちょっとやろう。あとちょっと」、それが悪かった。不幸中の幸いで、左手親指の付け根の骨にヒビが入っただけで済んだ。

油断大敵。物事が調子よく捗《はかど》っているときこそ細心の注意を。自分自身を強く戒めた。

ケガについて

僕も作業中にケガをしたことが何度もある。状況によってケガの種類もいろいろだけど、焦っているときや作業に慣れて気が緩んでいるときに起こるということは共通している。今思い返すと、死んでもおかしくないこともあった。あるときは、屋根の上での作業中に足元の板を踏み外してしまった。そのときはなんとか骨組みにぶら下がってことなきを得たんだけど、ほっとして一人でケラケラ笑っちゃったよ。あれは本当に危なかった。それから材料を削る機械で指の先の肉を削ってしまったこともあった。慣れてきて面倒臭がる気持ちは事故につながる。心配しすぎるのもよくないけど、焦らず緩まず、気持ちをちゃんと保つことが大事。そうすれば楽しく安全に作業ができる。

もへじ

可変は慎重に！

イマイさんに「パネルは可変式にしましょう」と提案したにもかかわらず、ノープラン。言わなければ良かったと後悔しつつ、現場合わせを始めました。

実は、可変式はこれまでお客様にお勧めしていませんでした。高所などでパネルの角度を変える作業はお客様に危険が及ぶ可能性があり、そうかといって強度を上げれば構造が複雑で作業が大変になってしまうからです。しかし今回の取り付けは高所ではなかったため、「なるべくシンプルな材料で強度を損なうことがなく、安価で安全で簡単に！」を心掛けた可変式の設置を考えてみました。ただ、脚立の上での作業がある点は改善が必要かもしれませんね。

家次

オフグリッドをはじめよう⑥　家次敬介

太陽光パネル

季節によって太陽の高さは変わりますから、太陽光パネルもそれに合わせて動かしたいですよね。このパネルは、二個のナットを緩めるだけで簡単に一五度傾けることができるようにしてあります。工事用の単管パイプ、クランプという金具、それから「タキゲン」製の太陽光パネル設置用の特別な金具を組み合わせることで、頑丈に取り付けることができました。

太陽電池には、長野県にある「ケー・アイ・エス」製の「PS-265」という製品を使用しています。「多結晶シリコン太陽電池」と呼ばれるタイプの産業用製品で、これを二枚使用することで、合計最大出力を五三〇ワットまで高めています。産業用パネルは大量生産することでコストダウンが図られているため、従来品よりも安く手に入るんですよ。

おすすめのエコ設備② 家次敬介

ソーラークッカー

「おすすめのエコ設備」②～⑤では、より快適なエコ生活を実現するためのおすすめの製品を紹介していきます。どの製品も体にやさしいだけでなく、温暖化の原因となる二酸化炭素や有害物質の排出量の削減、食物やエネルギーの地域での循環を可能にするものです。

まずは「ソーラークッカー」です。これは太陽光を反射する素材でできたパラボラの一点に太陽光を集めて鍋などを加熱するという、太陽さえ出ていれば燃料代が一切かからない夢の調理器具。北海道の冬でもお湯を沸かしたり、お米を炊いたり、ピザを焼いたりできます（風の強い日は要注意）。エネルギーが不足した東北の大震災でも活躍しました。ちなみに太陽の力でつくるジャムは絶品です。ケーキが焼けるオーブンタイプもありますよ。

17日目

2017年12月中旬

畳を注文するの巻

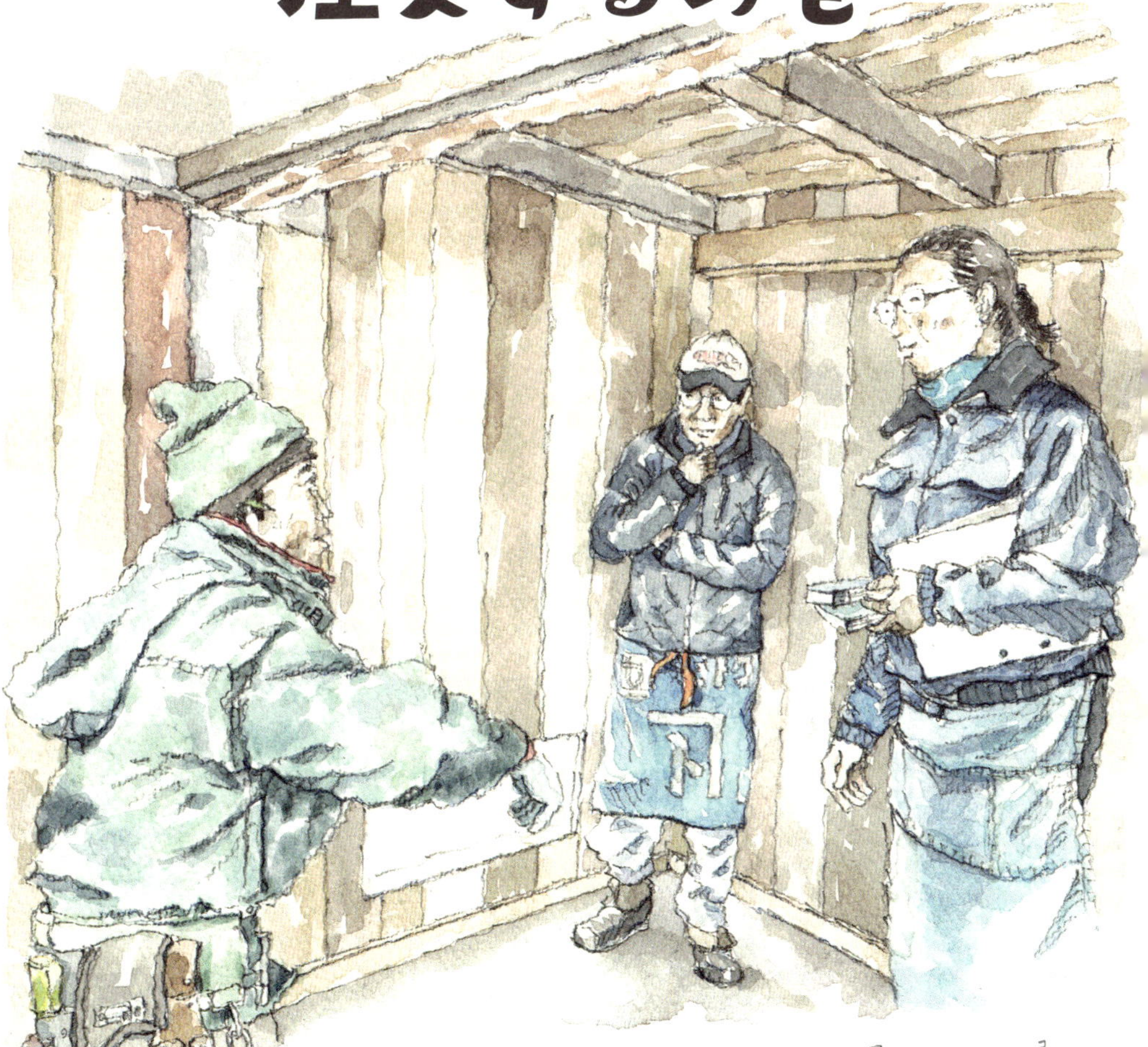

畳店のご夫婦と

スタイロフォームを調達する

17日目の1歩目

温かい空気は上へと逃げる。せっかく断熱を施し、薪ストーブまで設置したのに、トタンまる見えの穴の開いた屋根では熱が逃げてしまってもったいない。そこで、小屋の内側から屋根を張ることに。

ここで、発泡スチロールによく似た断熱材「スタイロフォーム」が必要になるのだが、さて、どこから調達したらいいのだろうか。ふと、ときどき僕も働かせてもらっている解体業者に勤めるA先生を思い出し、「あの人なら持っているに違いない！」と電話したところ、「おめぇって奴はどっから嗅ぎつけるのよ！　あるぞ、いくらでも持ってけ！」とのこと。

行ってみるとたんまりストックされていたから、遠慮なくもらってきた。これで屋根は断熱できるし、雨漏りも防止できる。いやはや、ホントこの小屋はもらい物ばかり。人とのつながりにあらためて感謝だ。

畳店のご夫婦が来てくれた

17日目の2歩目

富良野で昭和二〇年代から営業されている老舗《しにせ》「大塩たたみ店」のご夫婦に来ていただき、畳の相談をした。もへじさんもイマイも大好きな、帆前掛《ほまえか》けがお似合いのお二人だ。

測ってみたところ、一階小上がり部分は畳を縦に三畳並べればピッタリということがわかった。畳には藁床《わらどこ》にすべて藁を使った足触りの柔らかいものもあれば、最近では表地だけが畳で中に断熱材が入っている「建材床《けんざいどこ》」という足触りの固いものも普及しているそうだ。このときは前者の中古品がちょうどあるとのことだったので、それを用いて張替《はりかえ》をしてもらうことに。

三畳のうち、中央畳はもへじさんの出身地・熊本のい草、両サイドは強度のある和紙の畳表《たたみおもて》を選び、畳縁《たたみべり》は縁起のいい麻の葉模様にした。

この畳が小屋づくりの最終日に届く。きっと室内が輝くことだろう。

内側の屋根を張る

17日目の3歩目

小上がりを採寸する際、大塩たたみ店のご主人が連結式の面白いものさしを使っていた。これ、「寸取尺《すんとりしゃく》」と称する尺貫法《しゃっかんほう》目盛の専用道具だそうだ。測った数字を読み上げ、奥さんが「寸法紙《すんほうがみ》」に書き取る。僕が聞いてもなんのことやらまったくわからないが、知らない世界を覗き見るようにして、お二人のやり取りを傍《かたわ》らで眺めた。職人仕事は興味深いなぁとつくづく感じる一幕だった。

お二人が帰ってからは、二階の屋根に垂木で下地をつくり、透湿シートをベロッと張った。そしてその上にスタイロフォームを敷き詰め、さらに荒板を張る。これで屋根部分の完成だ。難しい作業ではないが、狭いとやりづらい。ただ、一階吹き抜け部分は、以前イマイがはしごから落ちたこともあってもへじさんが足の置き場を用意してくれていたから、だいぶ作業しやすかった。

18日目

2017年12月下旬

入口の造作に頭をひねるの巻

インスピレーション

18日目の1歩目

もへじさんがおそらくこの小屋でもっとも「神が降りてくる」のを待っていたのが入口の造作だと思う。入口はまさに小屋の顔で、製作者としてのセンスが表れる部分だ。

おもむろに手にした木。製材ではなく乾燥した自然木だ。これは小屋の別の箇所に使おうと家のストックから持ってきてくれたものだったが、ついにひらめいたらしい。

「これ、入口で使うことにする」

きましたね！　こういうのって、任せるしかない部分。芸術家の頭のなかにはどんな思考が巡っているのやら。

小屋づくりはある程度マニュアル化されているし、形だけなら割と容易にできる。ただ、それを他より素敵に仕上げるためには、廃材の質と製作者の感性の高さが求められる。それらが揃えば、廃材小屋は自《おの》ずと唯一無二《ゆいいつむに》のものになる。

入口を少し前に出す

18日目の2歩目

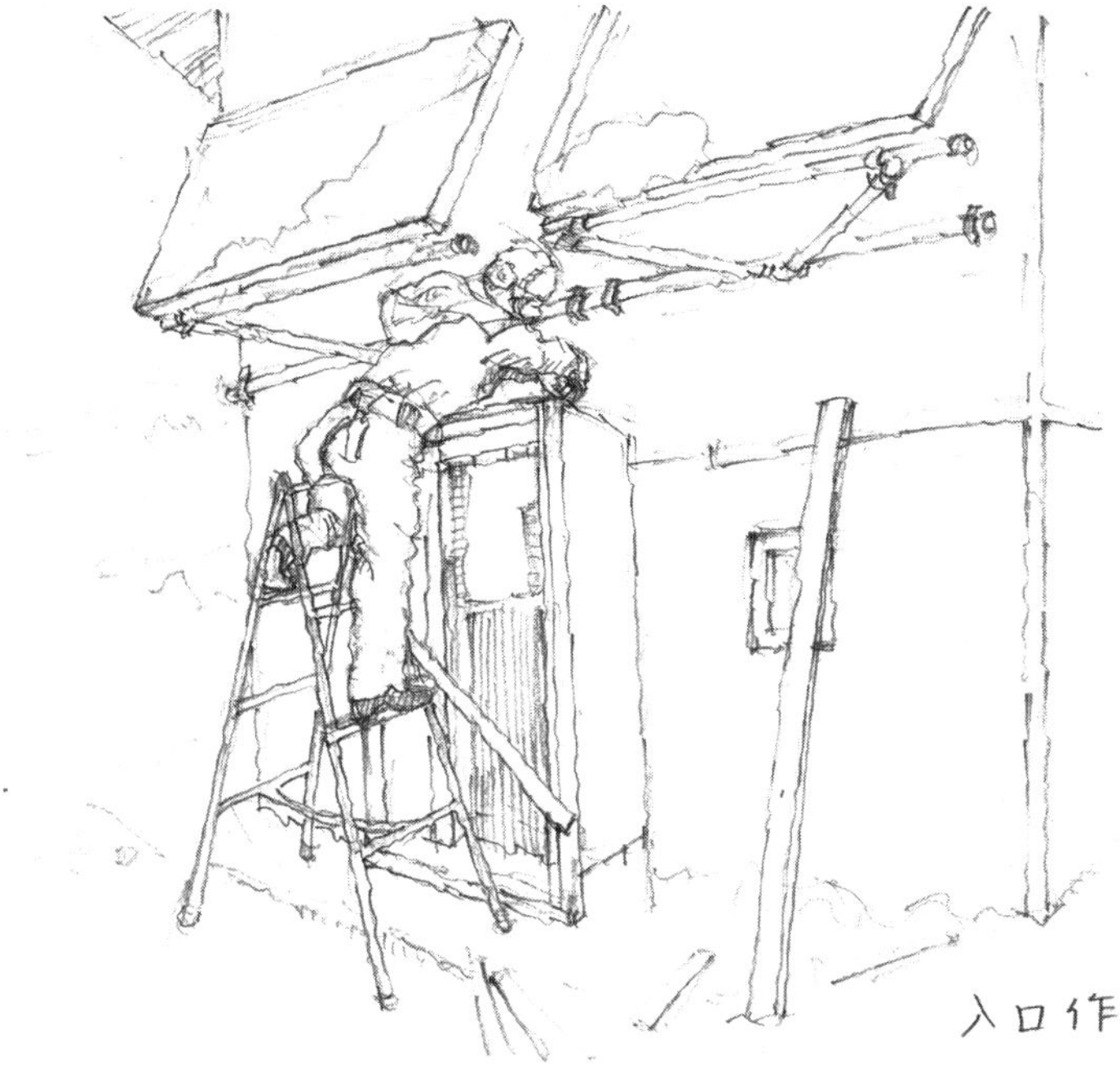

ここにきて入口を少し前に張り出させることになった。というのも、ここ数日、引き戸のすき間から雪が吹き込んで、朝小屋に入ると室内に雪がうっすら積もっていることがあったからだ。富良野は雪が多いから、こうした工夫はなおさら必要と言える。実際に住んでいるからこそわかる地域性と利便性を考慮した結果だ。

繰り返して言うが、設計図ありきでは、つくっている間に気づいたことを計画に反映させるのに時間がかかる。まして材料まで用意していたらなおさらだ。もちろん、行き当たりばったりでつくっていくのは勇気がいるし、アイデアが出なくて困ることもある。でも時間に余裕があればそれも乗り切ることができる。

そんなに固く考えず、のんびり自由につくろう。設計図通りにつくったんじゃ、絶対つまらない！

入口造作のハイライト

18日目の3歩目

ニコニコもへじさん

冬の作業はまずこれから

自然木にアイデアが！

富良野の一二月下旬はもうすっかり雪深い。入口の造作を始めるのも、まずは雪をはねてからだ。

ここのところ毎回もへじさんは家にストックしてある材をこの小屋用に持ってきてくれる。この小屋づくりのイメージがしっかりできていて、どこにどの材料を使うか「適材適所」がわかっているからこそできること。本当は施主のイマイが調達しなくてはいけないのだけど、甘えることに。

これまでに僕は、小屋のつくり方を心得ているもへじさんの仕事を傍《かたわ》らでまじまじと見せてもらったし、残してもらった細かい仕事をこなしてきた。そうするうちに、いつかすべて自力で小屋がつくれるような気がしてきた。

作業も残り二回となった今、この小屋づくりは僕にとって、もへじさんの「小屋づくり教室」だったことに気がついた。

電気がついたら

18日目の4歩目

「ちょっと、入口大きすぎるかなぁ」もへじさんはしきりに言っている。やっぱり感覚的な良し悪しが気になるようだったけど、これ以上入口張り出し部分の幅を狭めると出入りしづらくなるので、結果的にはこの形でいくことに。うんうん、十分いいじゃないですか！

　入口の照明は、納屋からコードを引っ張ってくることで電気を通したもの。だからまだ自家発電の灯りではないんだけど、暗かったところに灯りがぽっと点《とも》るだけでもなんだか気分が違う。普段、当たり前だと思っている「電気がつくこと」のありがたみに改めて気づかされた。

　太陽光パネルは設置済みだから、ここにも間もなく自家発電の電気が点ることになるはずだ。それはきっと僕たちにとって、ささやかながら奇跡の瞬間になることだろう。そのとき初めてこの小屋に命が宿るのだ。

壊せるものをつくろう

建物を解体しているときによく思うのは、腐らなかったり燃やせなかったりする材が多いなあということ。そういう材は、使い終わった時点でゴミになってしまう。

僕は、傷んで使えなくなったり、必要がなくなったりした材は、薪ストーブで暖を取るときや料理をするときに使いたいので、燃えてくれないと困る。

壊すということはなくなることではなく、新しい何かが生まれるということ。暖かい火やおいしい料理もそう。その新しいもののなかに古い思い出もまた生きている。ひとつのカタチにこだわりすぎないで、その瞬間の自分の心と思い出を大切にするということ。それこそが本当の豊かさであると僕は思う。

もへじ

排水はどうする？

現在のところ、イマイさんの小屋にはトイレや台所、お風呂はついていませんが、必要になったら、福岡の「エコロジーコロンブス社」が開発した現代の肥溜め「エコロンシステム」の利用がおすすめです。

詳しい紹介は次頁でしますが、この装置を使うと良質な液肥をつくることができます。この液肥を使って有機農法で安心安全のおいしい作物をつくり、それを食べて、そしてまたこの肥溜めに用を足すという食物連鎖の輪を庭先でつくることを可能にするのがこの装置の最大の魅力です。

もともとは一〇〇万都市と言われる江戸の知恵。特別な機械は使用しないので、五〇年ほど前に設置した装置が今でもほとんどノーメンテナンスで使われているそうですよ。びっくりですね。

家次

おすすめのエコ設備③　家次敬介

現代の肥溜めエコロンシステム

エコロンシステムの処理水

設置の様子

エコロンシステムの仕組みは次の通りです。

まずは設置場所に住んでいる土壌菌が活性化しやすい「アパート」をつくり、そこにたくさんの土壌菌に入居してもらいます。彼らに糞尿と雑排水の有機物を大いに食べてもらって、水や二酸化炭素、メタンガスなどの液体と気体に分解させるのです。このとき水は鱒が住めるほど浄化され、塩素も添加しないので生態系に影響を与えません。そしてこの装置の上で野菜などを育てることで、発生したリンや窒素が吸収され、浄化が完結します。

働いてくれるのはもとからその場所にある土壌菌なので、特別な菌を入れる必要はなく、基本的には汚泥も残らず電気も要りません。メンテナンス費用が少ないのもこの装置の特徴ですね。

おすすめのエコ設備④　家次敬介

ペレットストーブに取り付けた 簡易温水補助暖房装置

今、小屋には薪ストーブが設置されていますが、「簡易温水補助暖房装置」を使うと、薪ストーブの排熱を床暖パネルやパネルヒーターの熱源として、燃焼効率を上げることができます。石油ストーブでは一般的に採用されている方式ですが、木質燃料ストーブにも応用できます。

構造としては、熱交換器で採熱して温水をつくり、不凍液を循環させて放熱器で採熱するという簡単なものです。ポンプを動かすための電気は多少必要ですが、そこから得られる熱量は大きいので結果的に熱効率をぐんと高めることができます。熱が逃げやすい場所に放熱器を設置することで室温のムラを最小限に抑え、また温風を使わないので室内の乾燥も防げます。体感温度を下げずに快適な住環境を演出できますよ。

19日目

2017年12月下旬

小屋の魅力を高めるの巻

入口を眺める

入口に屋根を付ける

19日目の1歩目

入口の仕上げ

入口の張り出し部に屋根を乗せる。ここで屋根の支えに使ったのが、前回もへじさんが選んだとっておきの自然木。生の木の魅力は製材にはない「味」。ただ、曲面だし幹が曲がってもいるから扱いづらく、これを使いこなすには創造力と技量が必要だ。そしてそんな材を入口上部の目立つ場所に持ってくるところがもへじさんならではの発想といえる。

「穴から木が出ている形になっちゃって、なんか卑猥だな〜」

と、自分でつくっていながらヤラしいことを言って笑うもへじさん。その一方で、

「屋根にふんわりと雪が乗っている様子もきっと雰囲気があっていいよ」

と、風流なことも言う。ホント個性的な人だなぁとつくづく感じる。

入口部分ができたことで、古い引き戸の趣も増して、魅力的な玄関が出来上がった。

ガラス入れのための窓枠づくり

19日目の2歩目

いよいよ次回が最終日。完成を控え、小屋づくり最後の作業はガラス窓の取り付けと段取りが決まった。まずは、これまでビニールでふさいでいたすべての窓の建具をつくる。

二階の窓建具はすでに付けてあるので、今回つくる建具は計五つ。特に土間部分の四枚窓は寸法が大きい。

ウチにストックしてあった廃材のなかに、建具と寸法が同じで肌もきれいなものがちょうどあった。ガラスをはめるために刻みを入れる。素人には少し難しそうだが、もへじさんは丸ノコを滑らせ、てきぱきとつくっていく。本当に器用だ。「剛毅な九州男児」という普段のイメージとはずいぶん違う、というとちょっと失礼かな。

寒い中での外作業だが、手の冷たさなんて気にしていられない。熱意が生む根気や我慢強さがあってこそ、小屋は完成までたどり着ける。

茶道具のための棚をつくる

19日目の3歩目

小さな棚の完成！

材を眺めて、「どうしよっかな〜」

「一服のときの茶道具でも置けるような棚が欲しいなぁ」
と言ったら、
「それはイマイ君につくってもらおうかな」
ともへじさん。そこでやり方だけを教わってあとは一人でつくってみることに。棚板や棚板同士をつなぐ小さい柱の材を自分で選び、寸法も自分で決めた。

イメージを描こうとしてじぃっと壁を眺めていると、もへじさんがアイデアを絞っているときの気持ちがよくわかった。もへじさんも、イマイのそんな様子を見てなんだかとても嬉しい気持ちになったとのこと。僕たちがテーマにしてきた「施主がつくる小屋」が形になった一コマだ。

棚をつくったあとは、パカパカと開閉できるよう玄関と二階の小窓に蝶番《ちょうつがい》を付けた。充実の仕上げ作業を経て、大団円《だいだんえん》を迎える準備は整った。

小屋づくりのクライマックス

19日目の4歩目

暗くなってからも作業を続ける

もへじさん満面の笑み

ここに穴を開ける

すごい作業着だ

今日が小屋づくりのクライマックスだとはっきりと悟った。作業終了は夜七時半。今までそんなに遅くまで作業することはなかったが、最終回に何があっても対応できるようにと、やれる準備をすべてしていたらそんな時間になってしまった。

窓建具をつくり終えたもへじさんはまた何かひらめいたようで、

「入口側面に穴開けてもいいかなぁ」

もへじさんの建物は円を使ったモチーフが特徴だが、この小屋では回転窓や太陽光パネルとの兼ね合いでいまだつくれずにいた。それが、ここにきてひらめいたらしい。もちろんやってくださいと言うと、ジグソーで丸い穴が空いた。最終日にこれが驚きを生むとのこと、実に楽しみだ。

このとき僕たちは寒さと暗がりの中で高揚状態にあった。次回、ついに最終回。小屋物語もフィナーレだ。

19日目の作業日誌

経験の共有は気持ちの共有

自分が相手の立場になったとき、はじめてその人の言動の理由がわかって感動や共感が生まれる、という経験を誰でもしたことがあるだろう。実はそれはものづくりでも同じことだ。

できるだけイマイ君にやってもらう。それは僕が楽をするためではなく、二人が同じ経験をすることで共有できる気持ちを増やしていくことが大切だから。共有した時間が人と人とを共感できる仲にさせてくれる。

もちろん、自分で作業を進めていくことで、この小屋にいっそうの愛着を持ってほしいという気持ちもある。愛着がわくということは、小屋の価値が高まるということだから。

もへじ

風車の設置

温暖化のためか、最近は北海道でも元気のいい台風や爆弾低気圧の被害が顕著に現れるようになってきました。その風を直接受ける風車ですから、しっかり固定しなければなりません。考えてみましょう、勢いよく回っている風車が外れて自分に向かって飛んできたら……とても怖いですね。

初めは櫓を組んでその上に風車を設える予定でしたが、冬の到来で急遽、ワイヤーなどを駆使して小屋に直接取り付け台を設置することになりました。強固な設置ができましたが、小屋に振動が伝わってしまったり、設置位置が低いので林や建物の影で風が当たりづらかったりと少々難もあるため、いずれは立派な櫓の上に取り付けたいと考えています。

家次

おすすめのエコ設備⑤　家次敬介

冬でもお湯が沸かせる太陽温水器

「太陽温水器」とは、太陽の熱でお湯を沸かすための設備のことですが、普及品は凍結などの理由で北海道の冬には機能しません。しかしこの製品は、真空管の中にヒートパイプを収めることで、外気温に左右されることなく、温水をつくることができるようになっています。

この温水器で暖められた不凍液を貯湯槽の中で循環させることで熱交換をし、温水をつくり出します。

用途に応じて薪やペレットのボイラーを併用すれば、化石燃料に頼らず、天気にも左右されない、安定的で環境にやさしい暖房と給湯のできるシステムをつくることもできます。

写真は「北京サンダソーラーエネルギー技術社」製の「SEIDO 10-20 AS」で、普通、一般家庭では三台ほど並べて使用します。

オフグリッドをはじめよう⑦　家次敬介

風力発電機

イマイさんの小屋の風力発電機には「㈱松村機械製作所」製の「MWG-50」を採用しました。この製品は日本の風況を知り尽くした構造をしています。発電に適した風の吹かない盆地の富良野でも五枚のハネ(風速三・五メートル毎秒で発電開始)がコツコツ回り、コロコロ変わる風向も大きな尾翼で捉えることができます。また回転数が小さいため運転音が静かです。

出力は五〇ワット(風速八メートル毎秒)、最大出力が一三〇ワット(風速一三メートル毎秒)ですが、実際の風で出力できるかどうかは、位置と高さ次第。風を遮る木や建物を避けて高い場所に設置したいところですが、そうすると今度は配線が長くなって電圧が落ちやすくなります。風力発電機の最適な設置は意外と難問なのです。

20日目

2017年12月下旬

ガラスと畳が入って完成！の巻

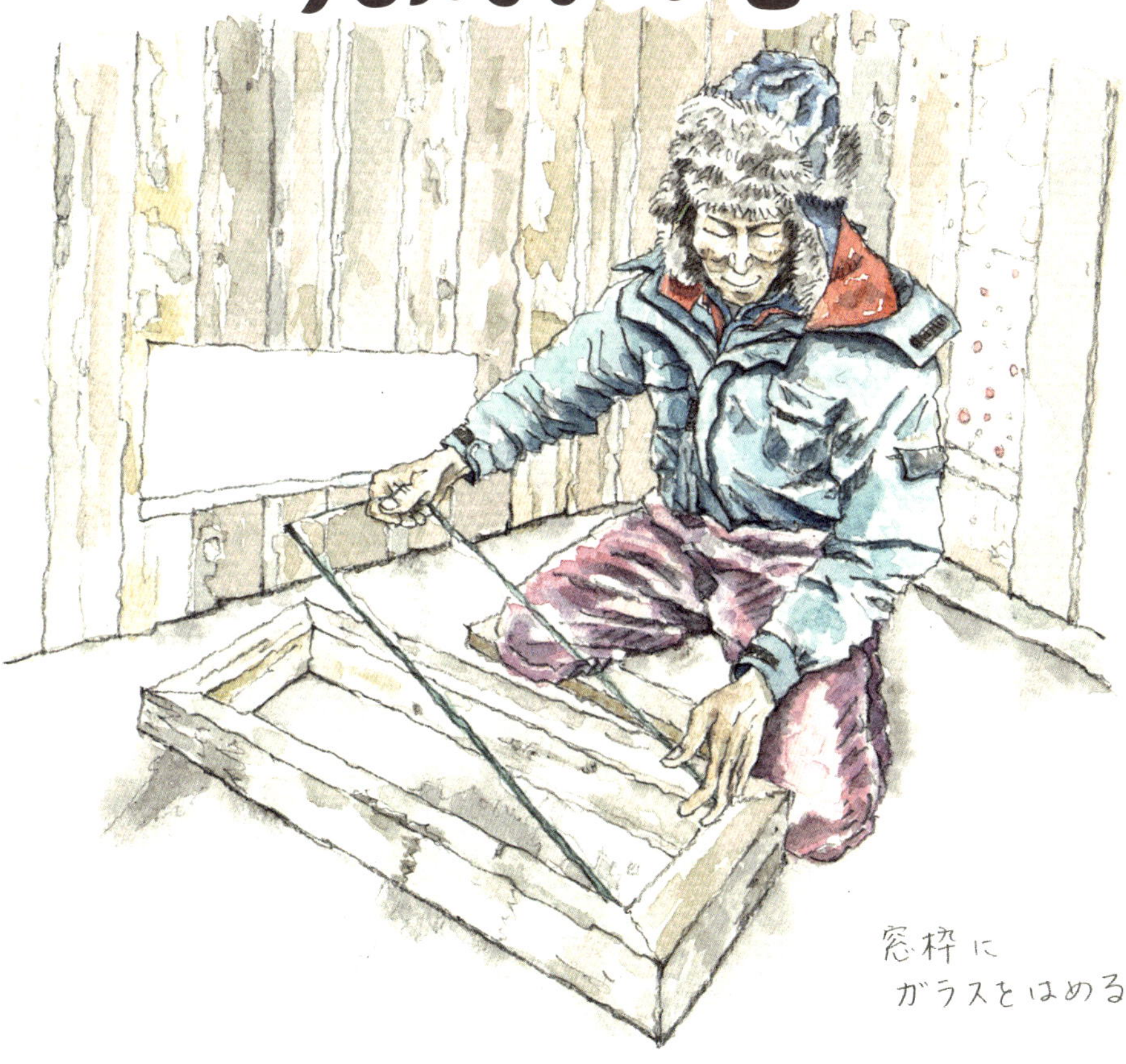

“もへじ式ペアガラス”の取り付け

20日目の1歩目

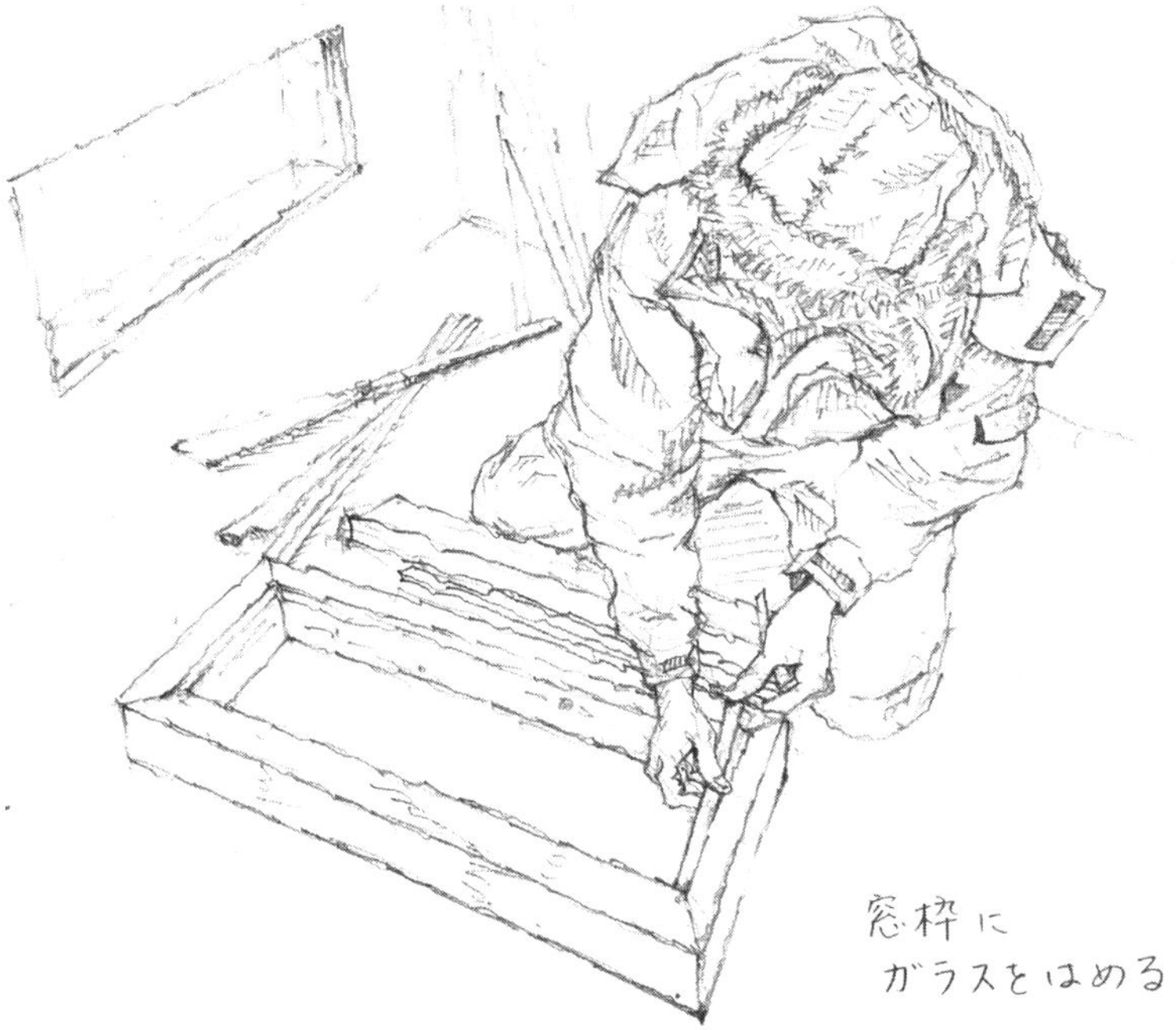

窓枠に
ガラスをはめる

最後の仕上げとして、まずはガラス窓を取り付けるのだが、それを普通に済ませるのでは能がない。ここにもひと工夫しよう。

前回つくった窓建具の寸法に合わせ、もへじさんがガラスを切ってきてくれた。解体現場などで出た窓や廃ガラスを取っておいて、いざというときにガラスカッターで好きな寸法に切って使うそうだ。窓だって自作すれば新しいものを購入する必要はないということ。

ここでのミソは二重ガラスにする点。窓枠の表裏に溝を切ってガラスを二枚はめることで、中間に空気層をつくる。この層が冷気を絶ち、室内の保温性を高める。つまり、お手製のペアガラスというわけだ。

お金をかけずとも、知恵を絞ればいくらでも工夫のしようがある。ここでもそのことをもへじ工法が証明した。

細部を仕上げる

20日目の2歩目

窓建具にガラスをはめてみると、新品と比べてもまったく遜色《そんしょく》のないペアガラスとなった。そしてこれまでビニールで覆っていたところにガラスが入ったことで、室内の気密性や保温性がぐっと上がり、見た目も美しく、すっかり引き締まった。素晴らしい！

　ガラスの全面の取り付けが終わったところで、窓枠と窓建具の間にできたすき間を細い材を回してふさいだ。これで見栄えもばっちりだ。

　一七日目を過ぎたあたりでダイナミックな作業はピークを迎え、それから完成に向けて細かな作業へと収束《しゅうそく》していった。こうしてみると、小屋づくりの過程はまるで「人生の縮図」のようだ。土台をつくり始めた幼少期、躯体ができていく青年期、さらに造作が込んでくる壮年期を経て仕上げの晩年と、完成までに一人の人間の人生を見たように思う。

天使からのプレゼント

20日目の3歩目

チョコ贈呈

小屋はまるで生き物だ。成長を見守りながら育てていく。作業が捗《はかど》る日もあるが、思い通りにならない日もまたある。でもだからこそ、小屋づくりはこんなにも豊かで充実感に満ち、楽しいのだろう。

感慨にふけっていると、家の前に一台の車が停まった。来た！　富良野のガウディ・あきちゃんだ。しかも一家揃って来てくれた。愛娘・あさひちゃんは僕らおじさん二人にアンパンマンペロペロチョコをプレゼント！　最終回に、なんとも憎い心配りだね。おじさんたち、泣いちゃうよ〜。

あきちゃんは僕たちが作業をしているのを見かけると、足を止めて激励《げきれい》の言葉をかけてくれたし、仕事を手伝ってくれたこともあった。そんなこともすべて小屋物語のエッセンス。ありがとうあきちゃん！

畳納入、小屋物語の完成！

20日目の4歩目

すっかり賑やかな雰囲気に

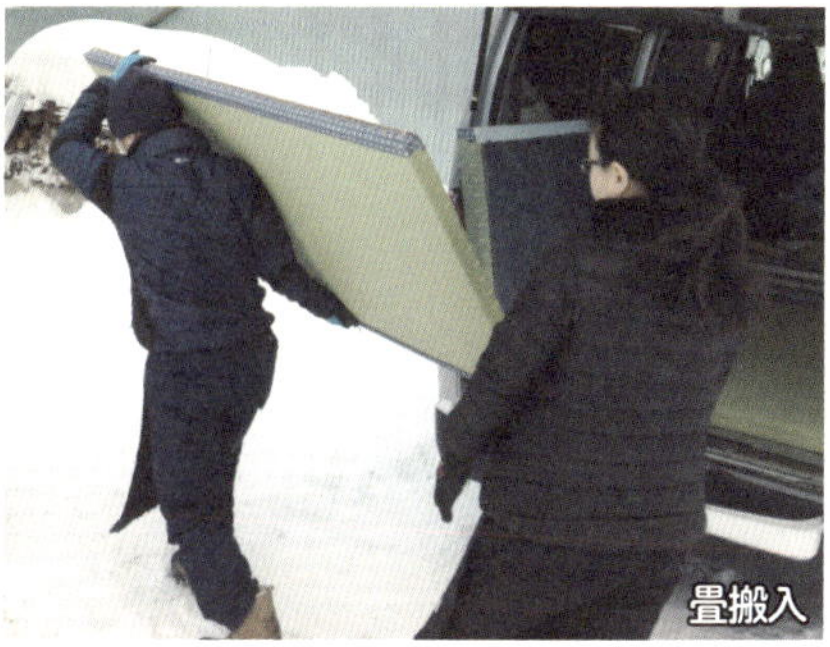
畳搬入

神が見守る

アリキックの如し

大塩たたみ店のご夫婦が仕上がった畳を持ってきてくれた。い草の香り、畳縁《たたみべり》の美しい麻の葉模様。さすが職人仕事。小上がりに「ピタッ」とはまった。実に感動的な瞬間だ。今日は年の瀬も迫る一二月二七日。奥さんがい草を使ったお正月飾りまでつくってきてくださった。加えて、もへじさんからは将棋盤のプレゼント！　これ、盤の目が書かれていない珍品、まさに文机《ふづくえ》としてピッタリだ。

今朝から「イマイ君、今日は泣くかもよ～」と言っていたもへじさんには隠し玉がもうひとつあった。それは木彫りのふくろう！　もへじさんらしいなぁ。前回開けた入口側面の円に測ったようにぴったり収まった。まるで小屋の守り神だ。

これをもって小屋づくりは終わり。短くも長い道のりだった。もへじさんと固い握手を交わす。感動が込み上げてきて、じわっと胸に広がった。

僕の得た喜び

この二〇日でたくさんの喜びがあった。まずは、小屋が完成したこと。最初に思い描いていた形とは大きく異なるものになったけど、それでいい。予想もできなかったステキな形に出会えたことが嬉しい。

次に、作業を通して普段の付き合いでは知り得ない友人の一面を見ることができたこと。繊細な風景画を描くイマイ君だけど、大工仕事は意外とダイナミックなんだ！

それから、イマイ君の「夢の小屋」が、僕自身にとっても思い出の詰まった大切な小屋になっていたこと。もうすぐこの小屋は僕たちの手を離れる。これからはいろんな人がここを訪れて、思い思いの楽しみ方をするはずだ。そしてきっとそれぞれにとっての大切な小屋になるだろう。

さあ、新しい物語の始まりだ！ もへじ

小屋が完成して

大雪山系を望みながら、富良野盆地のど真ん中で作業する。大いなる森、母なる流れに抱かれて、自然の営みの中から少し恵みを分けてもらい、持続可能な暮らしをしてゆきたい。そんな「富良野の人の生き方」を夢見ることができる小屋が完成しました。引退前にもうひと働きをする廃材に囲まれて自然エネルギーとともに暮せるなんてとても素敵ですよね。でもその一方で、ＤＩＹにはケガや火事、感電というリスクが伴います。ＤＩＹをされる方は、各自の責任で細心の注意を払って行なってくださいね。

最後に、文章を書くのが苦手な私を根気強く励ましてくれたイマイさんに感謝を。イマイさんのおかげでもへじさんとも出会えたし、小屋が完成して本もできました。楽しい経験をありがとうございました。 家次

小屋を楽しむ

完成した小屋を見にきてくれたあきちゃ

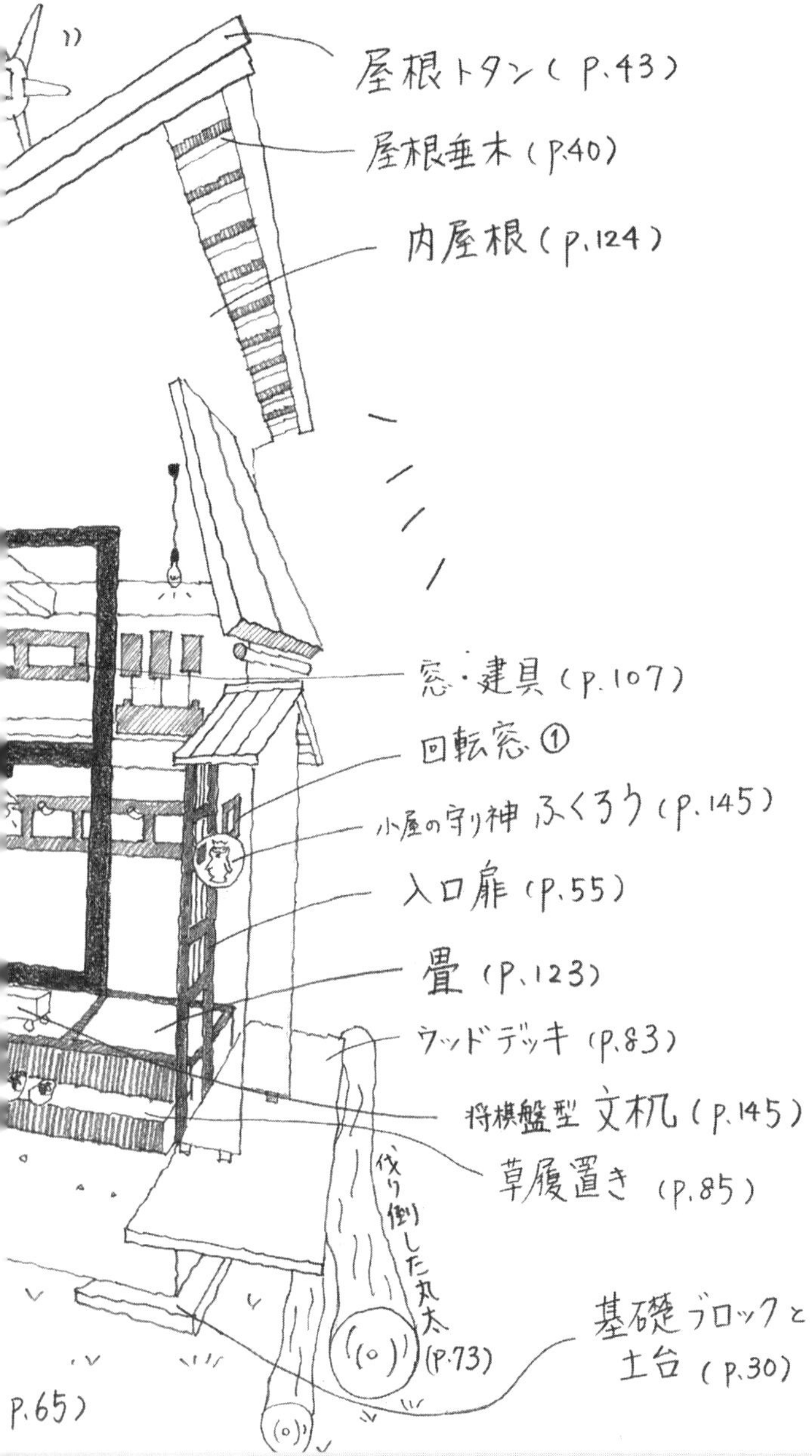

屋根トタン（p.43）
屋根垂木（p.40）
内屋根（p.124）
窓・建具（p.107）
回転窓①
小屋の守り神 ふくろう（p.145）
入口扉（p.55）
畳（p.123）
ウッドデッキ（p.83）
将棋盤型 文机（p.145）
草履置き（p.85）
伐り倒した丸太（p.73）
基礎ブロックと土台（p.30）
p.65）

小屋の解剖図

完成したイマイ小屋の解剖図を描いてみました。括弧の中は、それぞれのパーツや設置方法について触れている箇所の頁数です。

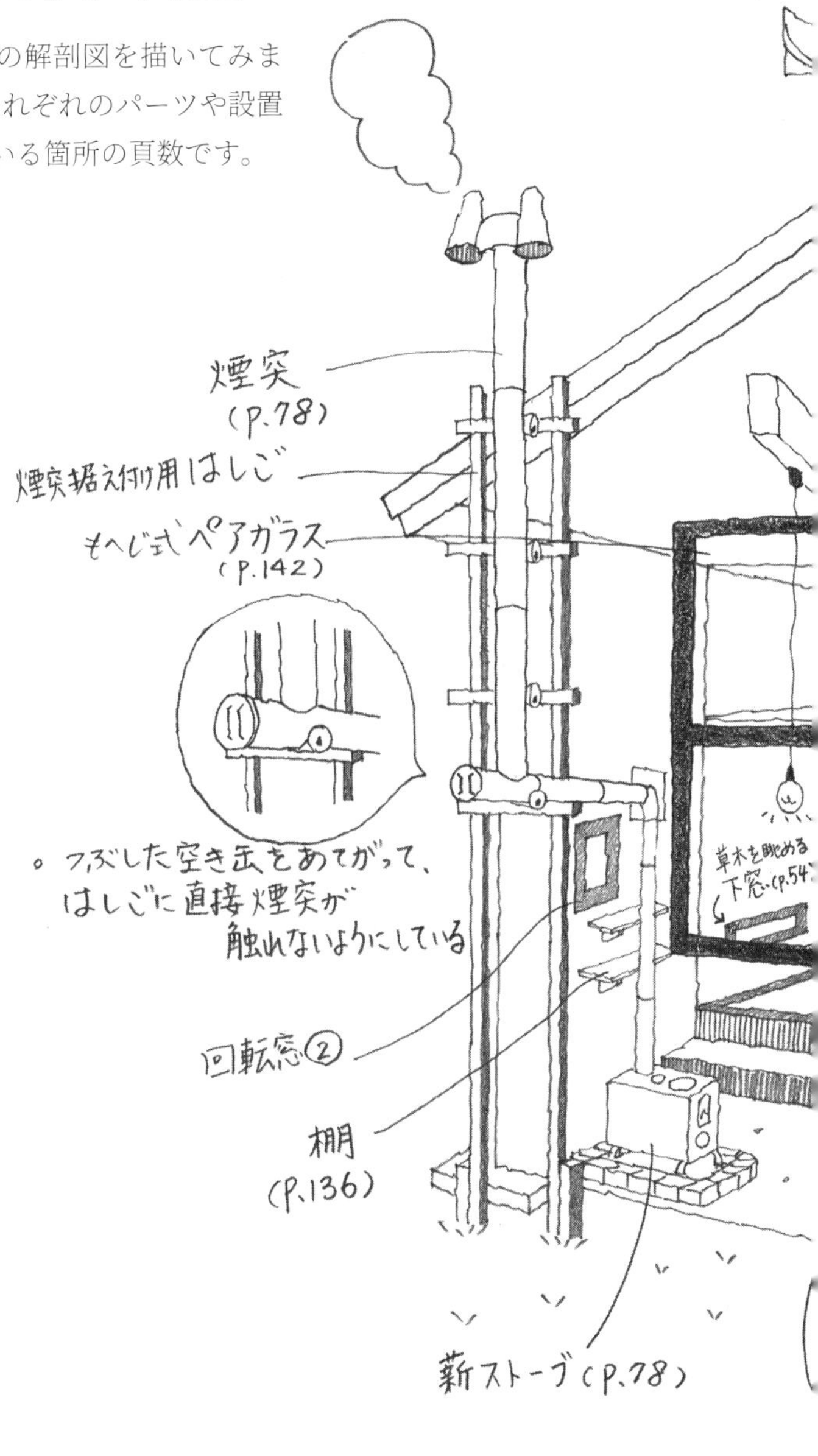

上川中部版
旭川地方優勝大会総評
各地短信

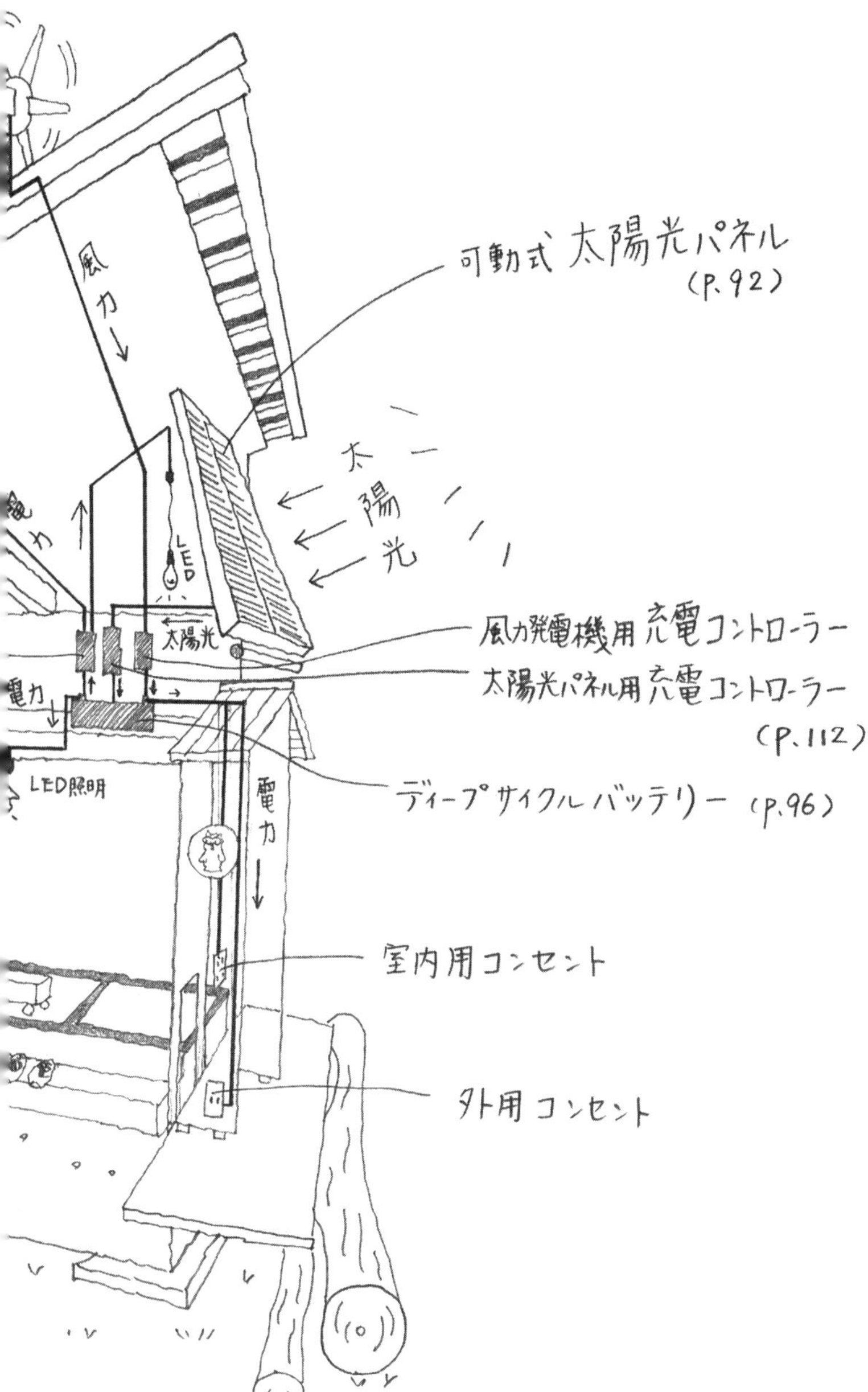

可動式太陽光パネル
(p.92)
風力
太陽光
LED
太陽光
電力
風力発電機用充電コントローラー
太陽光パネル用充電コントローラー
(p.112)
ディープサイクルバッテリー (p.96)
LED照明
電力
室内用コンセント
外用コンセント

小屋の電力見取図

イマイ小屋における自然エネルギーのシステムを描いてみました。設置はすべて家次敬介さんによるものです。

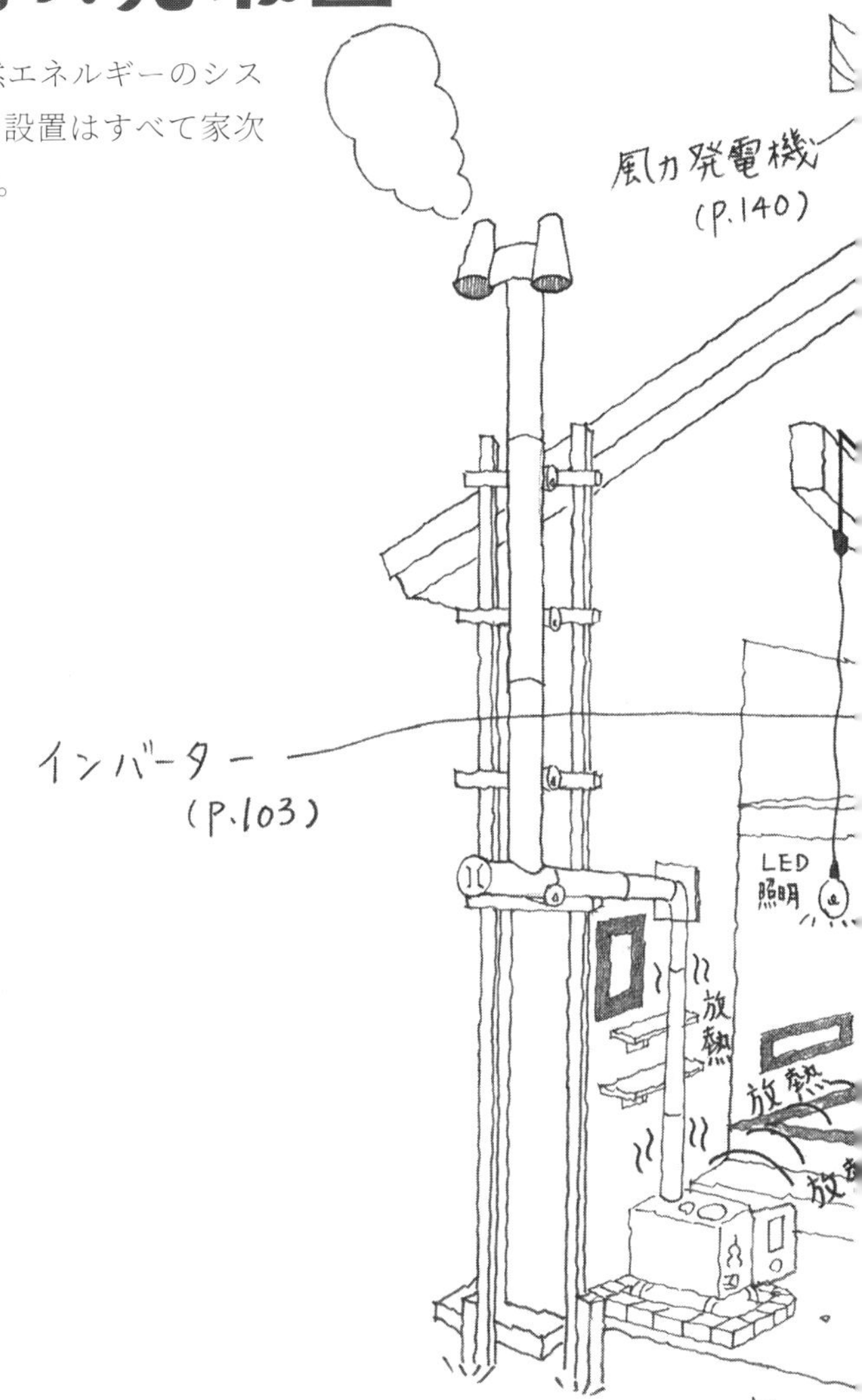

14.0
ON
OFF

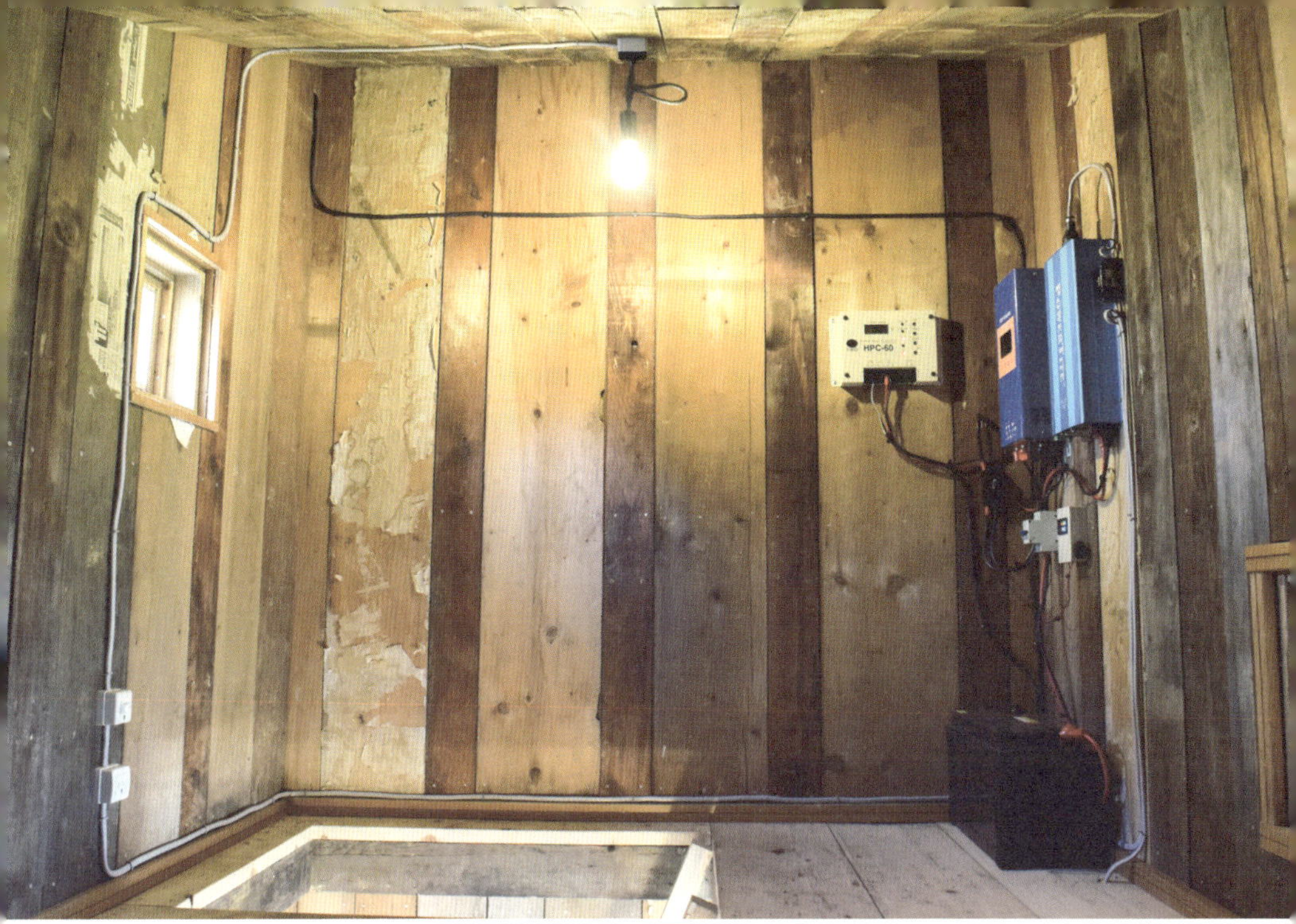
HPC-60

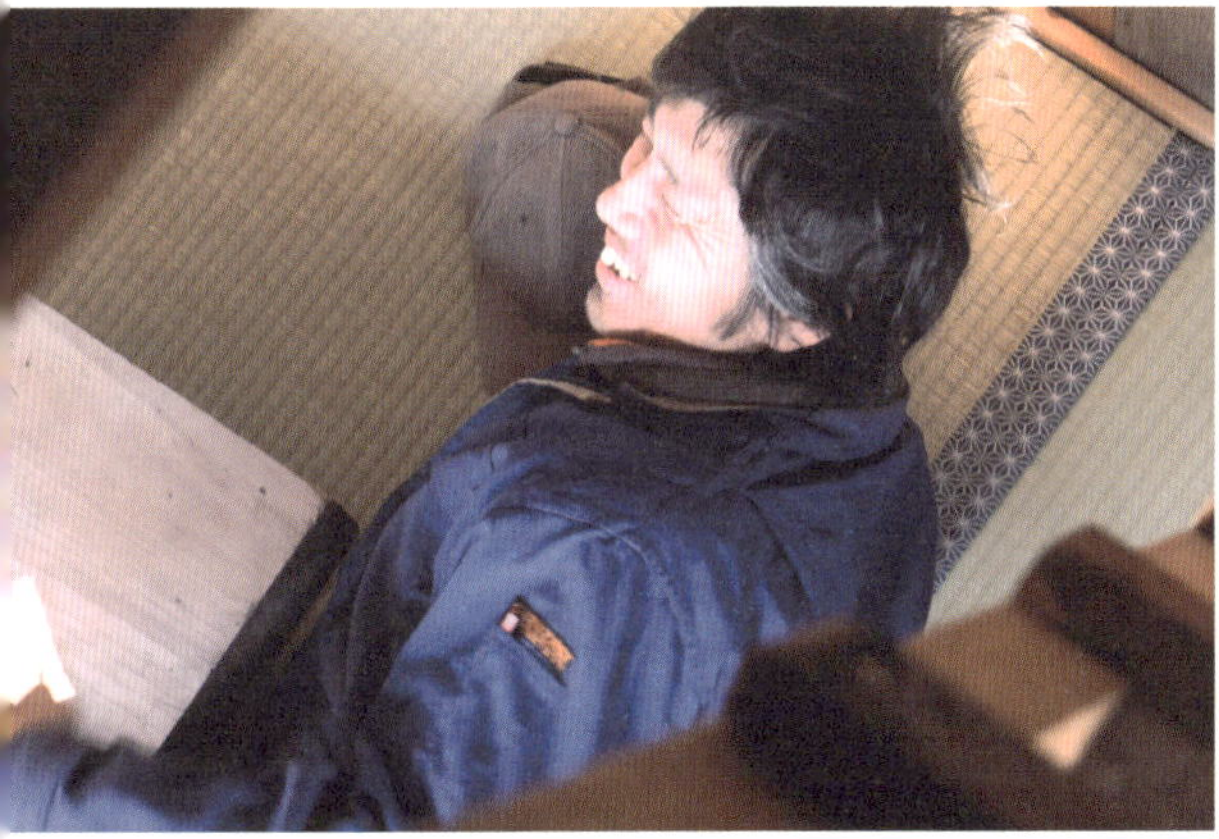

小屋の鳥瞰図

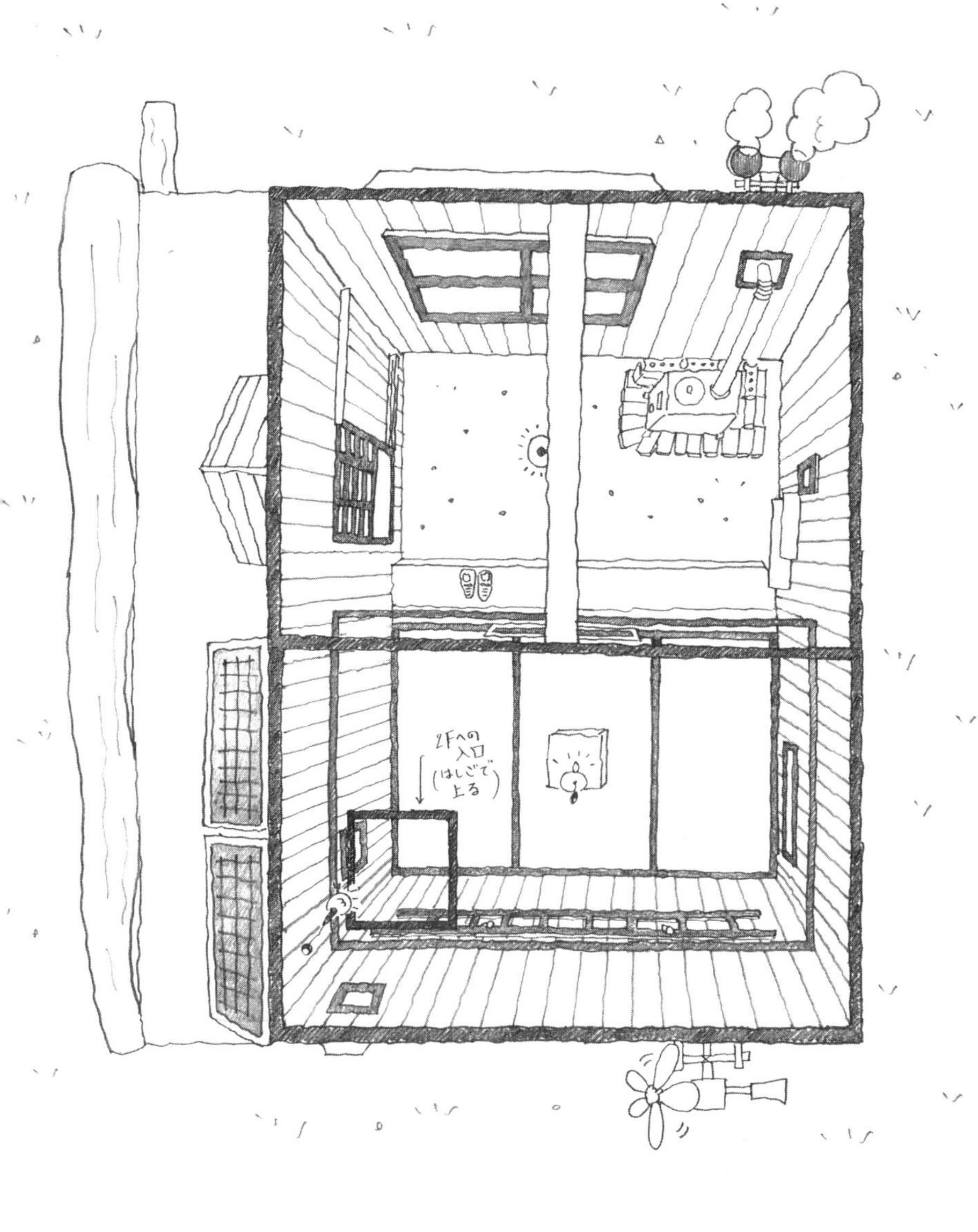

廃材小屋の設備よもやま話

小屋解剖図に合わせて、この小屋の設備についてのお話を補足。

二〇日間の作業からはみ出てしまったんだけど、二〇一八年の年が明けて間もなく、小屋に新たな電力源として風車が付いた（一四〇頁参照）。この風車は家次さんが子どもたちに風力発電の仕組みを伝えるために使っていたものだったんだけど、「ここ最近は出番が少ないからもしよかったら」とのことで、この小屋に付けさせてもらった。寒さで凍《しば》れる一月に外で取り付け作業をしてくれて、ただただ感謝だった。

家次さんの理想では、風車用の櫓《やぐら》を小屋から少し離して組み、屋根より高い位置に風車を上げたかったのだが、小屋に薪ストーブの煙突を据え付けたもへじ式を踏襲《とうしゅう》し、簡易なはしごを小屋の側面に立て、そこに風車の土台となる直管を沿わせた。風車は日常的に風を受け、ときには強風にも煽られるため、十分に丈夫につくる必要があるのだが、イマイが雪深いさなかに時間を急《せ》いで簡便なつくりをお願いしたため、家次さんにはやや不本意な形となった。また、家次さんのご指摘通り、屋根に接して風車を設置すると、騒音というほどではないが、ブーンブーンという風車の羽音が室内に響く。なるほど、実際にやってみるとたしかによくわかった。今後風車櫓を建てるにせよ、それらの解決はまた次の課題としたい。

風車は決して大きな電力を生むわけではない。それでも、自然エネルギーを目に見える形にしてくれるから、この小屋のシンボルにふさわしい存在だ。

家次さんによると、この小屋の電力容量は最大五〇〇ワットくらいで、太陽光や風力は電力が安定しないから電気機器はあまり使えないとのこと。携帯電話やパソコンの充電や照明くらいがいいところで、照明はもちろんLED。大きな電力を使うドライヤーなんかについては「スイッチを入れただけで電力設備がパンクしてしまうのでくれぐれも気を付けてくださいね」と言われた。

家次さんは電力の残量が一目でわかるようメーターも付けてくれたのだけど、それを見るとあらためて電力は有限なんだと痛感する。普段は家電などで電気を惜しみなく使いまくっているけど、それを生み出すためにどこかで発電しているわけで、それが水力、風力、火力、原子力発電所だ。

この小屋では掃除機も電子レンジも使えない。一日この小屋で過ごすだけで、電気がどれほど貴重でありがたいものなのか、そして僕らが普段どれだけ無頓着にそれを使い呆けているかを学ぶことになるだろう。

おわりに

ある日、もへじさんが言った。

「家ってさ、一生背負うようなローンを組んでまでして建てるものだと思う？」

ひとつの地域に根を下ろし、立派な家を建てる。代々土地を受け継ぎながら、家自体も残していく。核家族化でマンションやアパート住まいがずいぶん増えたにせよ、家を基にしたライフスタイルは連綿と受け継がれ、そこから日本の文化や価値観が形成されてきた。それはかけがえのないことだと思う一方で、「人生最大の買い物」と言うほど私財をつぎ込んで家を建てるのは一大事すぎていささか重い。そもそも僕は、子供の頃から何度も引っ越しを経験し、旅もしてきた根無し草だ。ローンや土地に縛られるのはまったく気乗りがしない。

家についていろいろ考えるようになったのは二〇一一年の東日本大震災が起こった後のことで、僕はそれから四年ほど、毎年一二月に被災地を訪問したのだけど、家が津波で流され、基礎だけが残ったあの光景を見て、人生観が変わるほど衝撃を受けた。築き上げてきたものが脆《もろ》くも崩れる。建てたばかりの家を失い、負債だけが残ったというやるせない話を耳にした。あの災害の後、どこか退廃的な虚無感を抱いたのは僕だけではないだろう。物を持たないシンプルな暮らしの在り方が提唱され、「ミニマムライフ」や「ミニマリスト」、「断捨離《だんしゃり》」などといった

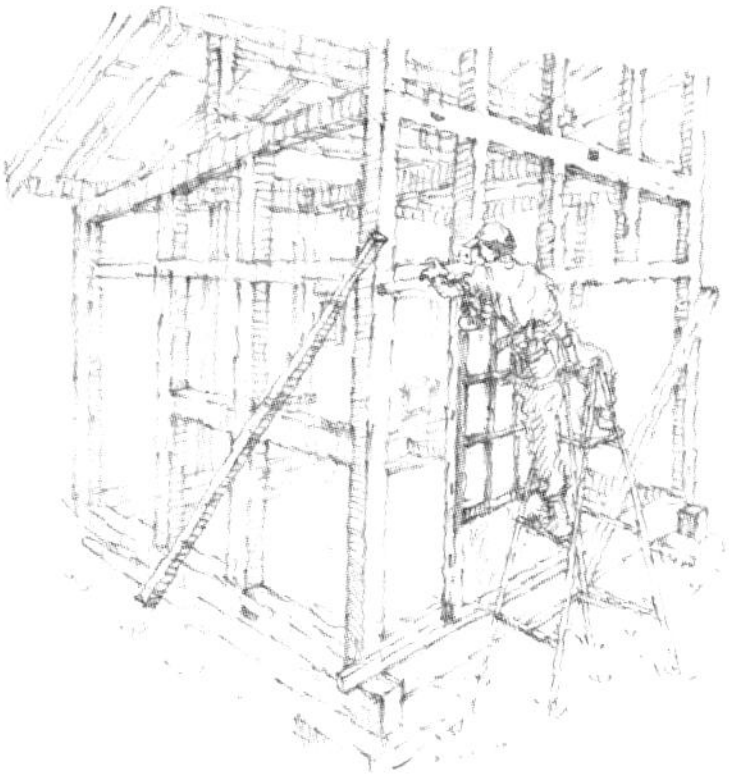

言葉が広まっていったのも同時期のことだ。

社会が変化し、僕たちも変化を繰り返す中で、「家」というものの価値観もまた変化しつつあるように思う。盲目的に突進し続けるだけの高度成長時代は過ぎ去り、どうやら僕たちは豊かさに慣れきって、飽きているようだ。大きくて立派でも、新しいだけでも何かが違う。人と同じでは満たされない。本当に自分が望んでいるのはどんな暮らしなのか。どんな家であれば自分は満ち足りるのか。

冒頭のもへじさんの問いに対し、その答えとして、「この小屋を見よ！」と言おう。僕たちがつくり上げたこの小屋は、一般の人々が「夢のマイホーム」として大きな費用をかけて建てる家と正反対だ。極力お金を使わない。お金を使わずにつくるから、壊れてもそんなに惜しくないし、自分でつくったからいくらでも直せる（もちろん、簡単に壊れたりしない）。それに、災害でインフラが途絶えてもなんとか自立できる。そんな暮らしも素敵じゃないかときっと思ってもらえる「小屋」という名の小さなモデルハウス。我らの「暮らしの容れ物」である「家」がどうあるべきかを僕たちなりに考え、創造したひとつのあり方だ。

もへじさんとの出会いは、僕の友人が傾いた馬小屋を喫茶店へとリフォームしていたときのこと、「この人が棟梁《とうりょう》なの」と紹介されたのが始まりだ。以来かれこれもう一〇年以上の付き合いになる。その喫茶店は今ではすっかり有名店になり、建物は今も変わらず来る人を惹きつけている。もへじさんに肩書を付けるのは難しい。枠に囚われない面白い人で、一般的な大工や建築家の発想とは違うものをつくる特殊な感性がある。もへじさんがこの小屋づくりに協力してくれたおかげで、この小屋は他にはないくらいアカ抜けた「廃材小屋」となった。

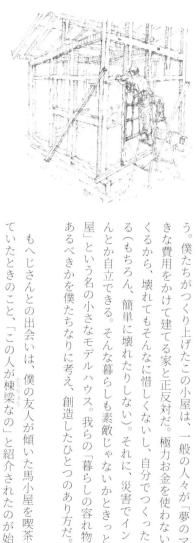

小屋をつくる過程で僕はもへじさんからいろんな事をたくさん教わったけど、特に大工仕事を教わるときはいつも、まるで父親から教わっているような懐かしい気持ちになった。

家次さんのことでよく覚えているのは、数年前の冬のことだ。当時、僕は北海道の名所や行事を絵に描いていて、そのときは苫前町《とままえ》へ凧揚げの取材に行った。道の駅で車中泊をし、翌朝から始まった凧揚げを取材しながらうろうろしていたところ、屋台のような小さなブースでペレットストーブを紹介している家次さんに会ったのだ。苫前で富良野の人に会えたことも嬉しかったけど、それ以上に自然エネルギー設備の普及活動を地道に行うその姿に僕は得も言われぬ感動を覚えた。このときから、何かの機会があれば是非家次さんに設備をお願いしたいと思うようになった。

残り数回の作業で小屋が完成という段になって、もへじさんがまたぼそっと言った。

「なんか、さみしいねぇ」

その言葉を聞いて、僕もしみじみと感じるところがあった。僕たちはよくこの小屋づくりのことを「大人の砂場遊び」のようなものだと言っていた。砂場遊びは、いつかは片付けて終わらせなくてはいけない。小屋が完成する日がくる。それは同時に、遊びが終わる日だ。

集ってひとつのものをつくりあげることは、ときに難しいこともある。だけど、学ぶことや楽しさは必ずそれ以上に多い。僕たち三人はいわば「三本のベクトル」となり、これからもそれぞれが小屋を力強く引っ張り、そして支える力となっていくだろう。

ケンカもよくしたけど、それもまた砂場遊びには付き物だ。僕たちはそれぞれ自分の思い通りに小屋をつくりたくて、わがままを通した。設計図もつくらずに、創造の羽を思いっきり広げ、よく遊んだ。よく楽しんだ。

僕たちがどれだけ楽しんだか、それは小屋の表情を見ればきっと伝わるだろう。

ほら、僕たちの小屋は、今日もこんなに輝きを放っているじゃないか。

イマイカツミ

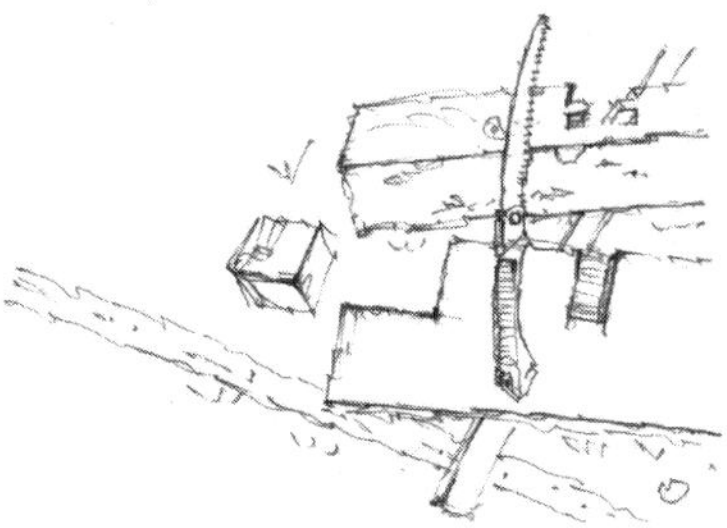

川邉もへじ（かわなべ・もへじ）

1969年熊本県生まれ。ログハウス制作、工務店での仕事を経て、現在は南富良野町で大工兼木工作家。「cafe ゴリョウ」（富良野市）、「フォーチュンベーグルズ」、「ちっちゃなちっちゃなギャラリー珈琲ゆっくりYuku」（いずれも南富良野町）、などのリノベーションを手がけている。本名川邉聖一。

イマイカツミ（今井克）

1975年大阪府生まれ、横浜市育ち。成蹊大学文学部卒。出版社に勤務したのち退社して画業に専念。2001年、富良野市に移住し、農作業ヘルパーなどをしながら、北海道や国内外の風景を描き続ける。著書に『大人が楽しむはじめての塗り絵　北海道の旅』（いかだ社）、『大地のうた富良野』、『北海道の駅舎』（いずれもイマイカツミ探訪画集シリーズ、寿郎社）など。

廃材《はいざい》もらって小屋《こや》でもつくるか　電力《でんりょく》は太陽《たいよう》と風《かぜ》から

発　行　2018年6月30日初版第１刷
　　　　2018年7月30日初版第２刷

著　者　イマイカツミ 川邉もへじ 家次敬介

発行者　土肥寿郎

発行所　有限会社 寿郎社
〒060-0807 札幌市北区北7条西2丁目37山京ビル
電話 011-708-8565　FAX 011-708-8566
e-mail doi@jurousha.com　URL http://www.ju-rousha.com

印刷・製本　モリモト印刷株式会社

ISBN 978-4-909281-11-1　C0077

家次敬介（いえつぐ・けいすけ）

1965年北海道中標津町生まれ。富良野高校卒。家電店勤務を経て独立し、現在は富良野市で「環境にやさしい電器店　有限会社三素」を経営。日夜、エコ製品の家庭への普及めざし奔走している。

寿郎社の好評既刊

イマイカツミ探訪画集1
谷間のゆり　夕張

夕張には素晴らしい自然があった。無言でメッセージを放つ心揺さぶられる町並みや、さまざまな波に揉まれた人々の静かな暮らし。町の到るところ町の到るところが絵そのものだった。だれもが魅せられる夕張の風景を描いたイマイカツミの初画文集。

Ａ５判並製／本体一五〇〇円＋税

イマイカツミ探訪画集2
大地のうた　富良野

豊かにうねる丘や鮮やかに広がるラベンダー畑といった観光客が思い浮かべる桃源郷のような風景から、なまこ山、深山峠、へそ歓楽街、北の峰スキー場など地元の人々に親しまれる風景まで。移住してもなおこの土地にあこがれを抱き続ける著者の〝富良野愛〟溢れる美しい画文集。

Ａ５判並製／本体一五〇〇円＋税

寿郎社の好評既刊

イマイカツミ探訪画集3・4
北海道の駅舎 上巻・下巻

富良野在住の探訪画家イマイカツミが、四六五駅あったJR北海道の全路線を二年がかりで巡り、駅舎約二〇〇を描く前人未到の試み。
上巻には、宗谷本線、根室本線、室蘭本線、石勝線、富良野線、石北本線の駅舎の中から九二駅を、
下巻には、函館本線、江差線・津軽海峡線、釧網本線、日高本線、千歳線、留萌線、札沼線（学園都市線）の一〇三駅を収録。
思い出の駅舎はここにいつまでも。

B5判並製／本体各二〇〇〇円＋税